DECISIONES DE VIDA

Una lucha constante por la felicidad

Didier Carrillo

EDIQUID

DECISIONES DE VIDA
Una lucha constante por la felicidad ©
Didier Carrillo, 2020

Editado por: Corporación Ígneo S.A.C.
para su sello editorial Ediquid

ISBN: 978-980-7641-86-9
Depósito legal: DC2020001043

www.grupoigneo.com
Correo electrónico: contacto@grupoigneo.com
Facebook: Grupo Ígneo | Twitter: @editorialigneo | Instagram: @grupoigneo

Diseño de portada: Oriana Vargas

Colección: Integrales

La vida es un instante en el que se presentan miles de situaciones que nos forman, con cada caída o circunstancia positiva, para hacernos más fuertes y visionarios, pero que también nos podrían conducir a una vida triste, llena de dificultades y terminar por convertirnos en personas sin sueños, acostumbradas a vivir una vida desconsolada. La diferencia entre la vida que tenemos y el estilo de vida que deseamos tener está completamente ligada a las decisiones que hemos tomado o debamos tomar en cada situación que se nos presente.

Un amigo me decía que estaba muy triste porque nada le salía bien, que sentía que la vida era muy injusta con él y que consideraba que no había logrado hacer nada por la misma. Al escuchar sus historias y buscar descifrar qué hacía a una persona gozar de una vida mejor que otra, quise compartir con él un poco de mi historia, para saber si la vida era injusta con él, o si el destino de nuestras vidas tenía completa relación con las decisiones que hemos tomado o tomaremos en un futuro.

Al conversar con mi amigo, comencé a contarle un poco de mi historia. Pude decirle que nací en una hermosa pero humilde familia, hijo de una mujer luchadora y entregada al bienestar de su familia. Sin temor a equivocarme, ella es la fuente de mi inspiración, por su tenacidad para luchar sola por sus tres hijos. Soy hermano de dos grandes seres que la vida talló para salir adelante, y de los cuales logré aprender grandes enseñanzas.

Pero mi amigo me decía que yo estaba muy bien, que le contara un poco más sobre mi vida y lo que había hecho para estar así. Comencé diciéndole:

—Amigo, mi niñez estuvo marcada por sinsabores, los cuales me enseñaron a afrontar las situaciones que se presentarían después en mi vida. El amor de una familia es la base primordial de su desarrollo, y fue lo más importante que se me pudo dar desde niño. La falta de recursos siempre fue un temor, porque nunca me sentí conforme con lo que tenía. Me sentía culpable por tener las condiciones con las que había nacido y siempre, desde pequeño, sentí que debía cambiar las cosas, para ofrecer a mi madre y mi familia un mejor estilo de vida. Cuando estaba pequeño me sentía impotente porque tenía demasiados pensamientos y sueños que sabía que no podría lograr en el momento, por mi edad, pero que jamás salieron de mi cabeza, ayudándome a concentrar todas mis fuerzas en hacerlos realidad. Una vez, cuando salía de la escuela, vi a uno de mis compañeros trabajando; estaba haciendo algo que me parecía penoso, porque no me sentía cómodo al pensar que alguien tan pequeño como mi amigo vendiera rifas en la calle. Con un poco de vergüenza, me acerqué y le pregunté sobre lo que estaba haciendo. Él me contó todo y me ofreció acompañarlo. En ese momento comencé a pensar ¿qué pensarían los demás si me viesen en la calle vendiendo rifas? ¿Qué diría mi mamá si se diera cuenta? Se van a reír de mí. Pensé eso y muchas cosas más, pero eso me ayudó a tomar la primera decisión de mi vida.

¿ME IMPORTA EL QUÉ DIRÁN?

Para un niño de tan corta edad, que solo estaba cursando la primaria, fue una gran decisión decir sí a la invitación de su amigo, la cual fue elemental, ya que aprendí algo que me ha servido por toda la vida: a defenderme por mis propios medios. Para lograr acompañar a mi amigo, me vi en la obligación de decir una mentira a mi madre, con tal de que no se preocupara por lo que iba a hacer. Estaba arriesgando mucho por la decisión que había tomado, pero sentía que estaba haciendo algo bueno por mi vida.

Antes de salir a mi primer día de trabajo no recibí ninguna capacitación inicial, tampoco el tiempo para prepararme, y debía luchar contra uno de los miedos que tenía en ese momento: el qué dirán.

Pero fueron más fuertes mis ganas de vivir la experiencia y de apoyar a mi madre con los temas de la casa que el miedo a ser juzgado. Al caminar hacia la casa de mi amigo, solo pensaba en qué estrategia debía utilizar para que me fuera bien, y qué tenía que hacer para contarle a mi madre en lo que me había metido.

Después de llegar a la casa de mi amigo comenzó la odisea por aprender. Él, que era un poco mayor que yo y tenía mucha confianza en sí mismo, me pidió que lo acompañara a reclamar las rifas del día, y dijo que de esas me daría una parte a mí. Me aclaró que lo que yo vendiera en el día era mío. Después de reclamar las rifas, me dediqué a aprender. Imitaba paso a paso a mi amigo para lograr saber qué decir y vender con tanta confianza como él lo hacía. Para mí era un trabajo muy duro, pero me decidí a perder la pena; ya había hecho lo más difícil y no podía dar reversa a mi decisión. Después de un corto tiempo de aprender la estrategia de vender, di el primer paso: conseguí mi primer cliente. Tenía mucho temor de no lograr vender la rifa, sentía que, si él me decía que no, sería un fracaso como vendedor; pero lo intenté y logré vender la primera rifa. Era muy poco dinero, pero para mí era una gran fortuna, porque lo había ganado con mi propio trabajo, lo que fortaleció mucho más mi confianza. Después de esa primera experiencia, trabajé con alegría, porque sentía que había tomado una buena decisión.

Al pasar varios días aprendiendo junto a mi amigo para ser bueno en el oficio que estaba realizando, sentí que el trato no era justo para él, ya que también él necesitaba vender para conseguir el dinero con el que apoyaba su hogar. Por eso decidimos separarnos. Pero cuando esto pasó, sentía que me era difícil hacerlo solo. En la calle había muchos peligros, y no todas las personas eran buenas, por lo que añoraba estar al lado de mi amigo, pues con él me sentía más seguro. Pero al tener estos sentimientos, supe que debía seguir adelante, ya que había dado un paso muy importante y no podía perder el entusiasmo, razón por la cual decidí que era necesario adquirir una cualidad que le hacía falta a mi vida.

CONFIANZA

La confianza en nosotros mismos es el único camino para progresar

Estaba atravesando una etapa que definiría mi vida. También me permitiría darme cuenta de que era capaz de trabajar por mis propios medios. En ese momento, cuando estaba sin mi amigo y sin nadie que me pudiera defender ante algún peligro o situación que se me presentara, tuve el valor de pensar «tengo que confiar en mí y luchar por conseguir lo que me proponga. Nada me puede detener y yo soy la persona que define lo que podré llegar a ser».

Esas palabras, que se repetían en mi mente mientras buscaba personas para ofrecer mis rifas, me daban fortaleza. Sabía que debía confiar en mí. Después de buscar por diferentes lugares, logré mi primer comprador. No fue fácil, pero lo logré. Cada día me repetía que lo lograría, y parecía que algo mágico pasaba conmigo. Comencé a programar mi mente para saber cuántas ventas tendría en el día, y esto se hacía realidad. También logré mejorar mi forma de hablar. Al comienzo, yo no tenía confianza en mí, y transmitía eso a las personas a las que les ofrecía las rifas. Pero, al vivir diariamente la experiencia y mirar qué errores estaba cometiendo, logré adquirir la confianza que me permitió vencer el gran miedo de hablar a extraños y sentirme juzgado por lo que hacía.

Después de mi primera semana de trabajo, estaba muy orgulloso de lo que había logrado. Sentía que era demasiado dinero para un niño de mi edad. En esa época no sabía qué hacer con el dinero. Como niño me gustaban muchas cosas y había muchos juegos y juguetes que no conocía y que quería tener, pero una realidad era clara para mí: mi madre tenía que trabajar muy duro para darnos lo mejor, y no podía ser ciego a dicha situación. Después de pensar mucho, tomé la mejor decisión. Me dirigí con lo que para mí era una enorme fortuna hacia la primera tienda que encontré, y busqué los alimentos que conocía y que mi madre más necesitaba en el hogar. No alcanzaban para mucho, pero los compré y volví a mi casa con una inmensa alegría. Creo que uno de los momentos más felices de mi vida fue ver el rostro de felicidad mi madre, diciéndome: ¡Muchas gracias, hijo mío! Me da mucha alegría saber que estoy educando un hijo de bien, sé que el mundo te traerá muchas bendiciones.

Ese momento está guardado en mi mente y corazón como un momento mágico. Sé que era muy poco lo que había comprado, reconozco que no había solucionado todos los problemas que debía afrontar mi madre en ese momento, pero sentía que había tomado una decisión que logró hacer algo positivo en mi familia y que había aportado un pequeño grano para la gran responsabilidad que tenía mi madre. Al vivir esa felicidad, comencé a hacer ese trabajo cada día con más empeño, porque sabía que en la vida que Dios me había regalado necesitaba tener más confianza y cualidades que no me dejaran caer en los momentos difíciles que se presentaran.

ENSEÑANZA DE VIDA

Esta etapa de mi vida me enseñó que nuestro destino depende única y exclusivamente de nosotros y las decisiones que tomemos, no podemos nunca esperar que el pensamiento de los demás, lo que ellos digan y consideren de nosotros, vaya a mejorar nuestra vida o sea un motivo para tomar nuestras decisiones.

Muchas personas no serán felices con nuestros triunfos, algunos siempre van a desear estar mejor que nosotros y buscarán hacernos sentir mal para que desistamos de cumplir nuestros sueños. Con esto, aprendí a guiar los pasos de mi vida con criterio propio y respetando la opinión de los demás, aprendiendo de los consejos que consideré positivos y no prestando atención a las burlas o malos cometarios que se hicieran sobre mí y mis decisiones.

En este capítulo de mi vida también aprendí que todos podemos lograr lo que nos proponemos. Lo único que nos diferencia de los demás es la confianza que tengamos en lo que hagamos o en lo que nos propongamos hacer. Todos los seres humanos nacemos con miles de virtudes que nos permiten alcanzar cosas que no alcanzamos a imaginar.

Una vez tengamos un sueño en nuestra mente, tal como comprar un carro, tener una casa propia, curarnos de una enfermedad, lograr enamorar a esa hermosa mujer u hombre que soñamos, tener una gran empresa, o tener una gran familia, estemos seguros de que lo podemos lograr. Solo dependerá de tener confianza en nosotros mismos y de creer con toda la fuerza que será posible. Es ese el secreto del éxito en nuestras vidas, nunca dejar el futuro de nuestra vida en otra persona. Levántate cada día, repítete a ti mismo que lo podrás lograr y nunca pierdas el objetivo de lo que quieres en la vida, porque cuando actúas bien, cuando sueñas cosas positivas, cuando día a día haces algo para que eso se pueda lograr, Dios y el universo te ayudan a cumplir ese sueño.

Después de trabajar en mis ratos libres por varios meses, comencé a sentir que algo estaba pasando en mi vida. No tenía el mismo rendimiento que antes en mis tareas escolares. y sentía que le perdía amor al estudio. Eso lo percibí porque siempre estaba pensando en trabajar en la calle y en ganar dinero. Sentía que mi historia no era sobre estudiar, sino que había nacido para trabajar y que debía aceptar lo que me tocaba vivir. Fue en ese momento que sentí que debía tomar otra gran decisión en mi vida, ya que, si no la tomaba, podría arrepentirme en un futuro.

¿NACÍ PARA SER POBRE O PUEDO FORMARME PARA CONSTRUIR EL FUTURO EN EL QUE YO DESEO VIVIR?

Al vivir mi situación y reconocer que las circunstancias en mi familia eran difíciles, sentía que no podía estar tanto tiempo estudiando, y que el tiempo que perdía en una escuela lo podría utilizar para trabajar más duro y así ayudar a mejorar las condiciones de mi familia. Pensamientos como esos me hacían, en ocasiones, faltar a la escuela para dedicarme a trabajar, o, en los momentos que estaba en clase, buscar la forma de aprender estrategias o diferentes formas que me permitieran conseguir mayor dinero. En ese momento no tenía la mente clara y me dejaba llenar la cabeza por la ilusión del poco dinero que podía obtener.

Después de mucho pensar, tuve que tomar la difícil decisión de parar con el trabajo que estaba realizando. Yo sabía que podría tener un mejor futuro si me educaba, pero sentía miedo a dejar de contar con los recursos que le aportaba a mi familia en esos difíciles momentos. Debía buscar lo mejor para mí, y me pasaban por la cabeza las siguientes palabras:

«Si dedico mi tiempo a luchar por cosas pequeñas, no podré luchar por conseguir mis verdaderos sueños».

Durante esa época de mi vida, sentía que no podría ser, por siempre, un vendedor de rifas. Sin menospreciar esta valiosa labor, sabía que tenía las cualidades y los sueños para ser mucho más. Al reflexionar sobre la decisión que debía tomar, sentí que lo mejor que debía hacer para mi vida era dedicarme a formarme íntegramente. No podría desconocer que en la calle también había aprendido muchas enseñanzas, pero sabía que debía dedicar el tiempo necesario a la academia.

Al analizar diferentes situaciones, pude observar que el conocimiento ofrecido en la academia era vital para mi progreso social y económico, razón por la cual me vi en la obligación alejarme del trabajo que estaba haciendo, para dedicar el tiempo necesario a mi estudio. Tenía metas claras y sueños que debía cumplir, por esto y muchas razones, sentía que la vida me estaba exigiendo formarme plenamente.

VISIÓN

La visión del ser humano es el motor de su desarrollo

Como niño tenía muchas dudas, pero algo que sí tenía claro era que debía luchar mucho más que el promedio de las personas y los niños de mi edad. La mayoría de mis amigos tenía a sus padres, que los apoyaban en lo que ellos necesitaban. Al poder hablar con mis amigos y compañeros de estudio, podía observar que la mayoría de ellos tenía una forma de pensar diferente; ellos solo pensaban en juegos y cosas que querían pedir de regalo, mientras que, por mi cabeza, lo que pasaba en ese momento era cómo podría llegar a tener un estilo de vida mucho mejor que el que vivía en ese momento, algo que siempre tuve claro y que siempre me repetía cuando me sentaba a pensar: «Yo lograré terminar mis estudios, trabajaré en alcanzar mis proyectos y lucharé fuertemente por tener una familia ejemplar, que permita ofrecer a mis hijos las carencias que en el momento vivo».

Algo que siempre he podido agradecer de las difíciles situaciones que vivía es que me estimulo a vivir y pensar diferente, sin nunca perder la visión de lo que quiero en mi vida. Tenía claro que debía ser mucho más dedicado en las cosas que me proponía, dedicando el tiempo necesario. Pero lo que más agradezco es sentir que debo entregar lo mejor de mí para alcanzar las metas propuestas, saber que podría conseguir lo que me propusiese si me esforzase y colocase todo mi empeño, luchando con toda tenacidad por hacer mis sueños realidad.

ENSEÑANZA DE VIDA

A este capítulo de mi vida le llamo «todo en la vida tiene su precio». Las cosas no llegan de la nada. Si soñamos en grande, debemos proponernos que nuestros pensamientos vayan anclados a nuestros actos. No podemos esperar grandes resultados con pequeños pensamientos.

Esta etapa me permitió conocer que la vida es como una escalera, y que algunos, por razones del destino, nacen en la parte superior de la escalera, lo que les garantiza una posición social y económica mejor, haciendo mucho más fácil su vida. Otros, también por razones del destino, nacemos en una parte inferior de la escalera, lo que hace más difícil la vida y requiere un sacrificio mayor.

Pero el pensamiento que me surgió en ese momento me dejó algo en claro: no podemos pensar que, por no nacer en una familia con una mejor posición económica, no podemos lograr los sueños que nos propongamos. Lo que me invitó a reflexionar sin importar en qué posición económica nazcamos, es lo siguiente: «Si nacemos en una familia en la parte inferior de la escalera, con escasos recursos económicos y con grandes necesidades, no sintamos que todo está perdido, como muchos nos lo quieran hacer creer. Ni tampoco prestemos atención a dichos populares tales como: "pobres nacimos y pobres moriremos", "el dinero es para unos pocos", "el dinero es del diablo", "Dios nos quiso así"».

Nunca permitamos que pensamientos como estos cambien nuestra forma de pensar, solo tengamos claro que para poder subir la escalera y mejorar nuestra posición económica y social, tendremos que esforzarnos mucho más y cualificarnos de acuerdo con lo que deseamos conseguir en la vida.

También es claro para los que nacen en la parte superior de la escalera que la falta de una meta, mala cualificación y malas decisiones de vida podrían hacer que comiencen a descender en ese trasegar del día a día.

Durante este periodo, aprendí que la visión es algo fundamental para conseguir nuestras metas en la vida. Como seres humanos, tenemos la capacidad de pensar y definir prioridades, por lo que es tan importante, de antemano, aprender a diferenciar y dar valor a lo que tiene más importancia para nosotros. Con esto, lograremos definir qué tanto tiempo, esfuerzo, disciplina e importancia le daremos a aquello que visionamos como lo mejor para nuestra vida.

Una vida sin visión es igual a un viaje sin un destino fijo. Cualquier viaje nos serviría, y no sabremos adónde vamos a llegar y cómo podríamos terminar. Por esto aprendí a ponerle metas a mi existencia y ser visionario, levantándome cada día y luchando para hacerlas realidad.

Como estudiante, buscaba adquirir conocimiento continuamente. Siempre hacía preguntas a mis profesores para conocer el porqué de las cosas, y en momentos me podía volver intenso por temas que me parecían importantes, pero la reacción de uno de mis profesores no fue buena. Sentía rechazo de su parte, y me trataba tan fuertemente que llegué a sentir miedo de preguntar o dar mi punto de vista en clase.

El cambio de actitud que sufrí generó cambios en mi casa, con mi familia y con todo mi círculo social. Tanto así que mi madre me preguntaba con frecuencia el porqué de mi actuar. Después de pasar mucho tiempo con el mal trato brindado por mi profesor tuve el valor de contarle a mi madre lo que estaba pasando y el motivo de mi cambio. Sentía que todo lo hacía mal y mi profesor me trataba de tal manera que me hacía sentir que no podía hacer nada bien.

Al conocer la situación, mi madre se dirigió a la escuela para hablar lo que estaba pasando, y mi profesor negó rotundamente lo sucedido. Mi madre, al ver la actitud del profesor, se dirigió a la rectoría para poner en consideración lo que estaba pasando conmigo y el trato recibido por parte del profesor, pero la reacción que se tuvo por parte de la rectoría fue negativa, ya que, sin hacer una investigación al caso presentado, se pusieron de parte del profesor, manifestando que por su edad avanzada era normal que tuviera momentos de enojo, como también dieron a entender que los niños debían ser corregidos, sin saber los métodos que utilizaba el profesor para corregir a sus alumnos.

Mi madre, después de buscar la solución de diferentes maneras, tomó la decisión de retirarme de la escuela. Ella consideraba que no era sano para mí el vivir día a día con el maltrato ofrecido por parte de mi profesor, a parte del sufrimiento que causó la muerte de mi abuela en ese momento, con la cual tenía un gran apego emocional.

Después de buscar diferentes escuelas logré terminar mis estudios de primaria y pasar a la secundaria. Esta nueva etapa estaba cargada de muchos retos, ya que debía combatir miedos que venían desde la primaria y que creaban una muralla en mí. El maltrato obtenido por mi profesor de primaria me generó miedos, que impedían tener una buena relación con mis compañeros y profesores.

Los primeros días de clase fueron muy difíciles para mí, ya que era sumiso y trasmitía a mis compañeros esa debilidad. Como es normal en los grupos, hay personas fuertes y débiles. En mi caso, me mostraba como una persona débil, lo que permitía que los fuertes trataran de lastimarme, para demostrar quién era el que mandaba en el salón. En ese momento, sentí que debía tomar una gran decisión.

¿PERMITIRÉ QUE OTRAS PERSONAS SE APROVECHEN DE MÍ?

En un día normal de clase, se me acercó un compañero y me jugó una cruel broma. Al mirar hacia los lados comprendí que varios de los compañeros de clase estaban atentos a lo que hacía ese niño. En ese momento tuve muchas ganas de llorar, pero me controlé. Muchas cosas pasaban por mi cabeza, pero decidí alejarme, después se acercó uno de mis compañeros y me dijo: «Usted, ¿por qué no le pegó? No se la deje montar. La próxima vez busque algo y le pega para que lo deje en el piso tirado, con eso lo van a respetar».

Cuando mi compañero me hablaba sentía que quería ser mi amigo, sentía que me estaba dando buenos consejos y que debía hacerlo. Durante todo ese día me dediqué a pensar cómo podría dejar en el piso a la próxima persona que se me acercara a molestar. Estaba decidido a luchar con todas mis fuerzas para no dejarme molestar. Sentía que, tal como me lo había aconsejado aquel que sentía como mi amigo, ese era el momento para demostrar que también tenía fuerza, y si lograba golpear el primer compañero, seguro los demás me respetarían y me querrían como su amigo.

Durante toda la semana estuve alerta. Creía que todos estaban en mi contra y me querían hacer daño, por lo que me hice más amigo de aquel niño que me aconsejó días atrás, y cada día que pasaba sentía que él me daba más fuerza. Recuerdo que todos los días me decía: «Debes estar tranquilo cuando se metan contigo. Usted le pega y, si lo van a atacar, yo lo defiendo. Confíe en mí».

Escuchar esas palabras me dio fuerzas, y sabía que llegaría el momento de pelear con alguien. Tenía el presentimiento de que no había otra opción. Al compartir con mi amigo, sentía que algo no estaba bien. Una vez me pidió que lo visitara en su casa, lo cual me ayudó a comprender muchas cosas. Vi que él vivía en una casa muy humilde, lo que me hizo tener más confianza, porque yo vivía en una casa igual. Sentía que no podría recriminarme por mi estilo de vida; pero algo que a pesar de mi corta edad no me parecía tan agradable fue enterarme que toda su familia consumía drogas. Eso para mí era muy grave, ya que teníamos un tío que se había perdido en las drogas y otro que se había perdido en el alcohol, y desde que tuvimos uso de razón mi madre nos decía: «Miren, hijos, a lo que los lleva las drogas y el alcohol. Ellos deben ser su espejo, para que nunca caigan en esos vicios que arruinan vidas».

El ambiente en esa casa era tenso. Todos hablaban a los gritos y siempre se amenazaban con pegarse entre ellos. Yo sabía muy en el fondo que lo que pasaba en esa casa no estaba bien, pero seguía fingiendo estar bien solo por compartir más tiempo con mi amigo. Yo quería estudiar porque teníamos muchas tareas y sabía que si no me capacitaba podría perder el colegio, y los sueños que tenía se podrían dañar, pero fue imposible hacerlo dentro de esa casa. Cuando logramos salir al patio y estar en silencio, mi amigo me miró a los ojos y me dijo: «Mañana es el día. Te debes ir en contra del niño que te molesta y golpearlo sin que se dé cuenta. Debes darle tan duro que caiga al piso, yo voy a estar ahí para defenderte».

Muchas cosas sentí cuando me dijo eso, pero no tuve el valor para mostrarle que estaba en desacuerdo. Después de hablar muchas más cosas, me dirigí hacia mi casa. Sin haber hecho nada ya me sentía culpable, pero no sabía qué más hacer. Sentía que era la única opción y que llegaría el día en que tendría que medir mis fuerzas en el salón de clases, eso me ayudaría a mostrarme como uno de los fuertes de mi salón.

La noche parecía eterna, no quería que se terminara. Para mí era muy difícil hacer lo que había planeado, no quería llegar a ese momento. Después de meditar muchas veces cómo lo llevaría a cabo y cuáles serían las consecuencias de mis actos, llegué muy temeroso a mi colegio. No quería hablar con nadie y solo trataba de tener mi mente clara para no tomar una mala decisión. Comprendía muy bien a qué me exponía con lo que pensaba hacer, pero también sentía que me convertiría en un perdedor si no me defendía. Al llegar a clase se aproxima mi amigo con una gran sonrisa y me dice: «Dale duro, que hoy van a saber que te tienen que respetar».

Solo sonreí y me alejé a un puesto solo, para poder planear todo. Durante la mañana pensé en cosas que me ayudarían a cambiar mi vida. Solo quería cambios positivos, aunque la decisión que tomaría podría ser perjudicial para mí; pero, sin buscarlo y como si fuera un milagro, algo pasó que de verdad cambió mi vida.

Llegó una persona a clase y pidió permiso a la profesora para hablarnos. Se presentó como un profesor de artes marciales. Nos explicó todo lo que podríamos aprender si practicábamos ese deporte y cómo podríamos aprender defensa personal por si éramos atacados. Al escuchar todo lo que el profesor decía, comencé a pensar: «Tengo que aprender a pelear, para poder defenderme cuando se metan conmigo y, así, ser uno de los fuertes del salón. Nadie se podrá meter conmigo».

Todo lo que tenía planeado cambió después de que se fuera el profesor. Pensé que sería mejor capacitarme primero para luego poder pelear, ya que nunca había peleado y tampoco había crecido en un ambiente de peleas y problemas. Desde ese día me imaginaba peleando y demostrando mi fuerza con mis compañeros, también imaginaba que con tantas patadas y puños podría llegar a ser tan fuerte que todos me tendrían miedo. Lo que jamás imaginé fue que podría adquirir tantas cualidades positivas al practicar ese deporte, ya que el valor del autocontrol fue uno de los que más me fortaleció.

AUTOCONTROL (Guk Gi)

¿Cómo podremos controlar nuestra vida si primero no nos controlamos a nosotros mismos?

En ese día todo se transformó para mí, ya sentía la alegría de saber que sería mucho más fuerte y que dedicaría todo mi tiempo a volverme el mejor en ese deporte. Por aquellos tiempos no me importaba si era bueno como deportista, sino ser fuerte, porque ser fuerte era una necesidad para ser el niño que todos respetaran y con el que nadie se quisiera meter. Ese mismo día, en horas de la tarde, me alisté para ir a entrenar y vivir una experiencia nueva.

Me sentía muy contento porque ninguno de mis compañeros de salón asistió a esas clases y, por lo tanto, sería el único que aprendería artes marciales. Pensaba que podría ser indestructible y que había llegado el momento de volverme fuerte, para defenderme de los ataques de algunos de mis compañeros.

Recuerdo bien que al comenzar la primera clase nos reunieron a todos y nos pidieron presentarnos, decir por qué estábamos asistiendo a esa clase y qué queríamos aprender de las artes marciales. Yo no sabía qué decir, por lo que me hice de los últimos para ver qué decían los otros y, así, organizar mejor mi presentación. Me daba mucha vergüenza decir que quería aprender ese deporte porque me sentía débil y deseaba defenderme de todos los que se reían de mí o querían hacerme daño. Cuando llegó mi turno, el profesor me preguntó por qué quería aprender artes marciales, a lo que respondí: «Porque quiero ser fuerte y aprender a defenderme cuando me vayan a hacer daño. Quiero ser el más fuerte de la clase».

En ese momento, el profesor ordenó que nos colocáramos en círculo, y nos pidió que nos sentáramos un momento a reflexionar en mi respuesta. Lo que dijo a continuación dejó mucha enseñanza en mi vida: «Este deporte no solo busca formar deportistas, este deporte busca formar seres humanos de gran corazón. Los seres no valemos por lo fuertes que seamos, sino por lo bien que actuamos en nuestra sociedad».

Después de darnos esas palabras, nos explicó un poco cómo sería la metodología de la clase y cómo podríamos llegar a ser buenos en lo que nos propusiéramos si comenzábamos a tener autocontrol sobre nuestras vidas. En ese momento me sentí confundido, porque todas las cosas que pensaba hacer eran actos violentos, pero el deporte que había escogido daba la lección contraria. Por mi mente pasaba vez tras vez el consejo de mi amigo, pero decidí seguir aprendiendo, hasta que llegara la hora de pelear para demostrar mi fuerza.

Después de terminar mi primera clase, me dirigí, muy cansado, a mi casa, pensando que no sería tan fácil como yo pensaba, pero estaba muy contento porque había iniciado; además de que las palabras que nos dijo el profesor, a parte de los valores que requería ese deporte, me permitirían alcanzar muchas metas personales para ser mejor cada día.

Los siguientes días de clase ya sentía que podía integrarme más con mis compañeros. Algunos seguían con la intención de molestarme y hacerme daño, pero siempre me repetía las palabras de mi profesor, y no quería dejarme provocar. Tenía que saber controlarme y ganarme el respeto de mis compañeros por el bien que podía hacer por ellos. Al vivir esa etapa como deportista, quise que mi amigo se inscribiera para practicarlo y así tener mucho más para hablar con él; sentía que él lo necesitaría mucho más que yo. Un día me le acerqué y le dije «¿por qué no practicamos juntos artes marciales? Es un deporte muy bueno y no solo nos enseñará a saber defendernos, sino que nos ayudará a tener valores y cualidades como personas».

Al buscar, insistentemente, ganarme la aceptación de mi amigo, para que practicara conmigo ese deporte y poder enseñarle todos los valores que había aprendido en ese poco tiempo, solo tuve su rechazo, ya que no hacía caso a lo que él me pedía. Él solo quería que yo peleara con mis compañeros. Me decía: «Te estás volviendo como una niña y así no te van a respetar, solo estás buscando que te vuelvan a pegar».

Contrariamente a lo que mi amigo me pedía, y aprendiendo cada día más de ese gran deporte, sentía que mi vida estaba cambiando. Pero el cambio no solo lo sentía como deportista, sino también en todas las facetas de mi vida. Como deportista dedicaba toda mi fuerza para ser el mejor de mi categoría, como estudiante no podía dejar perder mis materias, ya que el profesor no nos seguiría enseñando si nos iba mal en clase. Con mi familia y amigos se hacía necesario aplicar los valores y cualidades que en los entrenos nos hacían gritar y que eran recordados siempre que fallábamos en algo.

Al trascurrir algunos meses, mi forma de ver la vida fue cambiando. Este deporte cambió mi vida, podía observar todos los cambios positivos que había en mi entorno. A pesar de ver todo lo bueno que estaba pasando, sentía que algo faltaba. Pensaba que ese amigo (que me ofreció su apoyo cuando sentía que el mundo estaba en mi contra), no compartía mi alegría y consideraba lo que yo estaba haciendo una pérdida de tiempo en cosas que no me servirían cuando me quisieran atacar.

ENSEÑANZA DE VIDA

Como reflexión de vida aprendí que en el mundo se encuentran muchos tipos de personas, y que no todas son iguales o parecidas a nosotros. En muchas ocasiones, pensamos que para encajar en un círculo social tenemos que actuar igual a ellos, o incluso buscar diferentes formas de medir fuerzas para ser respetados, siendo esto una completa equivocación.

Después de trascurrir algún tiempo en mi salón, nadie se metía conmigo. No sé si porque sabían que había aprendido artes marciales o porque aprendí a convivir más en sociedad. Sentía que había logrado ganarme un espacio social con mis amigos y compañeros de estudio, pero mi amigo, en cambio, sí sentía que todo lo tenía que resolver peleando. A pesar de que traté de todas las formas hacerlo entrar en razón, llegó el momento donde tuve que tomar una decisión necesaria, debido a los sucesos a mencionar.

¿PODRÉ ESCOGER QUÉ AMIGOS NECESITO EN MI VIDA?

Durante un descanso en el colegio, algunos compañeros nos reunimos a contar historias y compartir el descanso. Todos mis amigos tenían algo diferente que contar y de todos sentía que podía aprender algo. Después de observarlos y mirar sus cualidades y defectos, hice gran amistad con el que consideraba el más alegre del salón.

Con ese nuevo amigo sentía que podría aprender muchas cosas que a mí me faltaban, como el sentido del humor y a ser más alegre. Él tenía una forma de ser tan autentica que todos lo respetaban, no por miedo, sino porque su amistad era muy grata y podía salir en cualquier momento con bromas que no generaban problemas entre los compañeros, sino un gusto particular que poco a poco fui aprendiendo. Me parecía muy grato ganarme a las personas con el carisma y las cualidades que tenía mi amigo.

Durante esa época de estudio, experimentaba una encrucijada de emociones y pensamientos, porque sabía que había logrado mejorar en mi comportamiento en sociedad, sentía que era muy apreciado por mis compañeros, me mantenía haciendo demostraciones de lo mucho que aprendía en artes marciales, como también compartía las bromas que mi amigo hacía en clase. Todos éramos felices, mas también sentía que debía mucho a aquel amigo, que a pesar de sus defectos siempre quiso mi amistad y a quien quería demostrarle que no todo se soluciona con peleas.

Cuando disfrutábamos con los compañeros de clase, mi amigo se apartaba de mi lado y me daba a entender que estaba disgustado conmigo, pero cuando yo quería buscar un espacio para mi amigo en el grupo que se había creado, sentía que todos estaban molestos porque no querían compartir con él. Al notar esas diferencias, me sentía culpable por no saber qué decisión tomar y que debía ser culpa mía el no lograr aconsejar a mi amigo, para que mejorara su forma de pensar y actuar.

Al terminar un año lectivo en el colegio, todos estábamos muy contentos porque habíamos logrado pasar al siguiente año. Sentíamos que debíamos celebrar, y mi amigo, el más alegre del salón, estaba preparando todo para que nos reuniéramos y compartiéramos antes de salir de vacaciones. Pero hubo algo que ahuyentó mi felicidad. Una de mis amigas me dijo que mi otro amigo estaba peleando con un grupo de jóvenes de otro salón, que lo acompañaban un grupo de niños que no eran del colegio y que la pelea fue muy fuerte.

Después de escuchar esa razón, me dirigí al lugar donde se presentó el problema, para descubrir lo que había pasado con mi amigo y en qué lo podía ayudar. Cuando llegué, me di cuenta de que la pelea se generó porque los jóvenes con los que mi amigo llegó quisieron molestar a algunos estudiantes del colegio, y ellos no se dejaron. Uno de los estudiantes, que me conocía, se acercó para contarme lo que había pasado. Lo que más me preocupó fue cuando me dijo: «Tu amigo parecía haber consumido algo, al igual que los jóvenes que lo acompañaban. Quisieron pegarnos, solo por estar sentados donde ellos querían estar y, además, tenían puñales».

Después de escuchar eso, recordé que la familia de mi amigo consumía drogas. Al instante pensé que él también lo estaría haciendo. No podía entender cómo, desde tan joven, había tomado esa mala decisión y ese camino de perdición, por lo que me dirigí al lugar donde sabía que podría estar para tratar de hablar con él y aconsejarlo. Quería hacerlo entrar en razón, hacerlo entender que estaba haciendo las cosas mal. Fuera como fuese, lo consideraba mi amigo y no quería que siguiera en ese mal camino. Cuando llegué al lugar, lo encontré con unos jóvenes que no conocía personalmente, pero que sí sabía de su procedencia. Ellos me miraron con disgusto y, con una risa en sus rostros, le dijeron a mi amigo: «Te dejamos con tu amiguito. Ojalá que te defienda con sus patadas cuando vengan a buscarte».

Apenas se fueron esos jóvenes, busqué la forma de hablar con él. Al verlo a los ojos me pude dar cuenta de que estaba drogado. Le pregunté por qué había generado esa pelea en el colegio, qué había pasado con él, si le estaba pasando algo y si estaba consumiendo drogas. Él no quería responderme, y solo me miraba con disgusto y enfadado. Dijo: «Usted debe tomar una decisión. Si quiere ser mi amigo, acompáñeme a pelear con los que se metieron conmigo hoy. Si no es mi amigo, mejor no hablemos más, porque yo sí sé hacerme respetar».

Después se metió la mano al bolsillo del pantalón y me pasó una navaja. Me dejó claro que las cosas iban a cambiar y que nadie se metería más con él, que, si alguien quería problemas, él y los que fuesen sus amigos tendrían que matar para hacerse respetar.

Después de escuchar sus palabras, busqué todos los medios posibles para darle a entender que estaba tomando una mala decisión. Quería que viera las consecuencias de lo que pensaba hacer, que contara conmigo si reconocía que no estaba bien. Sin importar todo lo que le decía, me pidió que tomara la decisión y que, si no lo apoyaba, mejor no le volviera a hablar.

En ese momento, me parecía muy triste el camino que estaba tomando, pero yo sabía que ese tipo de amigos no me llevarían a nada bueno. Lo apreciaba porque creía que el problema que vivía surgió en su casa, pero sentía que debía tener una cualidad en ese momento, y que, a pesar de las condiciones, tenía que ser responsable con mi actuar y no tomar un mal camino, que no solo me hacía daño a mí, sino también a las personas que querían lo mejor para mí; por ejemplo, mi familia.

RESPONSABILIDAD

Es tu responsabilidad si la vida te trae triunfos o derrotas

Después de terminar la conversación, tomamos caminos distintos. Sentía como se quitaba un gran peso de mi espalda. Busqué hacerle entender por diferentes maneras que estaba cometiendo un error y que el camino que estaba tomando no lo llevaría a nada bueno. También me sentía un poco triste, debido a que no se dejó aconsejar, y sabía que no era justo que un niño de colegio tuviera tantos pensamientos de rencor, algo que se había fundado en su contexto familiar.

Ese episodio de mi vida me permitió pensar en la vida. Me imaginaba tantas cosas que podían pasar y cómo mi amigo, por tomar una mala decisión, podría dañar su vida desde joven. Pero el pensar en esto me ayudaba a hacer un análisis interior, sobre la búsqueda de comprender los riesgos que tiene la vida y qué relación existe con las responsabilidades que tenemos antes de dar cada paso. En ese momento, y por mi corta edad, no sabía a quién contarle la situación en la que me hallaba, aunque lo consideraba necesario. Sería una gran ayuda hablar con alguien que lograra despejar tantas dudas que tenía en mi cabeza.

Buscaba en mi entorno a quién contar la situación que vivía. Quería decírselo a mi madre, pero sabía que se enojaría conmigo, por no haberle contado a tiempo las cosas que sabía de la familia de mi amigo y sus actuaciones. Ella me tenía prohibido relacionarme con personas así.

Luego quería comentarle a alguno de mis amigos o compañeros del colegio, pero sabía que ellos no querían a mi amigo por su forma de ser. A ellos no les gustaría hablar temas relacionados con él. En ese momento, no sabía a quién acudir para comentar lo sucedido y pedir un consejo, de tal forma que reforzara mi decisión y mi grado de responsabilidad.

Ese día, en la tarde, era la hora de mi entreno, pero al dedicarme a entrenar, sentía que mi mundo se detenía, y que todos mis esfuerzos y pensamientos se enfocaban en dar lo mejor de mí en la clase sin rendirme, como cotidianamente lo hacía.

Al terminar, mi profesor me vio diferente y se pudo dar cuenta de que algo estaba pasando. Cuando me alistaba para irme a casa, se acercó, y me dijo: «Te pasa algo, hijo. Tu forma de entrenar hoy fue diferente a los otros días, y algo en tu rostro me dice que te pasa algo».

En ese momento no aguanté las ganas de hablar, así que le conté lo que estaba pasando. Le dije que me sentía muy mal por no apoyar a mi amigo y que consideraba que algo le podría pasar por tomar esa decisión.

Después de terminar de contar mi historia, recuerdo bien sus palabras, que me dieron una gran enseñanza: «En la vida, todos tenemos que tomar caminos. Algunos serán buenos y otros serán malos, pero tú no te puedes sentir mal por el camino que otras personas tomen. Tú hiciste muy bien por querer apoyarlo y mostrarle que estaba tomando el camino equivocado. Él no tuvo en cuenta tu opinión, y tendrá que ser responsable por las decisiones que tome. Tú no te puedes culpar por el destino que él tenga, solo preocúpate y lucha con todas las fuerzas por conseguir tus metas y dejar huellas buenas en el camino que anheles emprender. Esa es tu responsabilidad».

Después de terminar la charla con mi profesor, me sentí mucho mejor. Ya lograba entender que no podía decidir sobre la vida de los demás, y que tampoco podía sentirme culpable si otras personas tomaban un camino diferente al que yo decidiera tomar. Me sirvió mucho el conocer que debo preocuparme por mis decisiones y ser muy responsable para no perjudicar a nadie.

ENSEÑANZA DE VIDA

En esta etapa de la vida, he aprendido que no podemos escoger en qué familia nacer. No sabemos cómo serán nuestros hermanos, nuestros padres o nuestros primos. Pero algo que sí podemos escoger es qué clase de amigos queremos. Los amigos son aquellas personas que elegimos para compartir momentos por períodos cortos o largos en nuestra vida. Algunos, por nuestra propia decisión, son más cercanos, otros, un poco lejanos. Sin importar qué tipo de cercanía exista, los amigos ocupan un espacio importante en tu vida, que podría afectar positiva o negativamente tu destino.

Cuando logramos consolidar una amistad, se podría considerar como una gran riqueza en nuestras vidas. Cuando tenemos un buen círculo de amigos, podemos pensar que tenemos apoyo, lo que nos podría garantizar una vida con tranquilidad, sintiéndonos acompañados, lo cual nos fortalece para salir adelante.

La amistad es considerada como una llave para abrir nuevas posibilidades ante los obstáculos que podemos estar atravesando. Los amigos tienen un papel muy importante en nuestras vidas, ya que son las personas con las que más compartimos; por lo tanto, ejercen una fuerte influencia en nosotros, desde compartir el mismo gusto por una comida, hasta influir en las decisiones que tomemos.

Otro aprendizaje que me llevo es que cuando los amigos que decidimos tener en nuestras vidas son negativos, debemos aprender a hacerlos a un lado, ya que podrían distraer nuestras metas y llevarnos a tomar malas decisiones.

Los amigos están para darnos una mano cuando de verdad lo necesitemos. Es un apoyo mutuo, por lo que debemos elegir muy bien nuestras amistades, y ser buenas influencias, ya que podrían influir en las decisiones que tomemos en la vida.

En este capítulo de mi vida, logré aprender lo importante que es hacerse responsable de las decisiones que tomamos. En la vida, cada decisión generará una reacción, que podrá ser positiva o negativa, de acuerdo con lo que decidamos hacer. Es importante no tomar un camino si no estamos completamente seguros de con qué nos vamos a encontrar.

En muchas ocasiones, para conseguir las metas que nos hemos propuesto, tenemos que enfrentarnos a muchos obstáculos y que, si no estamos preparados, podrían hacernos retroceder en cualquier momento.

También pude aprender que podríamos tomar un camino que consideramos el correcto, y con el pasar del tiempo reconocer que no lo era. En estas situaciones no podemos sentirnos derrotados, al contrario, debemos aprender de los errores y con esto tener la experiencia para no volver a cometerlos.

Otra enseñanza es que no podemos elegir la vida que decidan tener los demás, y que cada uno es responsable de las decisiones que toma. Debemos ser conscientes de que, si tomamos un buen camino, lo más seguro es que tengamos grandes recompensas, pero si escogemos lo contrario, seremos los únicos responsables de lo que nos pueda pasar.

A partir de ese momento, me dediqué a pensar muy bien en las decisiones que tomaría en mi vida. Sabía que tenía que ser muy responsable en mi estudio, y que no podía perder el año. También tenía claro que debía dedicar mucho tiempo al deporte, que tanto me había enseñado y por el cual podía pensar claramente, gracias a los valores y cualidades con los que me formaba.

¿PODRÉ LUCHAR POR LO QUE PUEDE HACERME FELIZ?

Algo que no tenía claro en el momento, y de lo cual tenía mucho por aprender, era el amor y el relacionarme con las niñas, ya que no crecí con la presencia de un padre que me enseñara esta difícil responsabilidad. Tenía muchas dudas:

- ¿Cómo es la mujer ideal?
- ¿Cómo podría gustarle a la mujer que me gusta?
- ¿Qué hacer para que una mujer me quiera y me acepte con mi situación económica?
- ¿Qué cosas no les gusta a las mujeres?

Y muchas otras más.

Como estaba tan joven y no tenía una figura paterna que me enseñara y me resolviera tantas dudas, debía aprender solo. No podía contarle estas cosas a mi madre, porque me avergonzaba de hablar de eso a una mujer. No se lo contaba a mis amigos, porque de seguro se reirían de mí. En ese momento de mi vida tenía muchas dudas, sin nadie para darme una respuesta.

Sentí algo extraño en mi cuerpo al regresar a clases después de unas vacaciones. Me topé con una niña que jamás en mi vida había visto. Consideré que era la niña más bonita que había en el mundo, y sentí pena al verla a los ojos, por lo que bajé la mirada. Fue algo que no supe (ni sé) explicar, pero debía enfrentarlo.

Como era nueva en el colegio, estaba sola, y la notaba incómoda por su mirada. Tuve muchas ganas de acercarme a ella, para poder hablarle y conocerla un poco más, pero algo me detenía. Podía parecer un poco bobo por mirarla tanto y no dar el paso para hablar con ella. En ese momento yo pensaba: «¿Qué me está pasando? Si fui capaz de vender rifas desde niño y logré vencer la pena de que me juzgaran, si logré vencer la pena de hablar con los demás, ¿por qué tengo tanta vergüenza de hablar con una niña de mi misma edad?».

No sabía por qué me estaba sintiendo así, pero algo que sí logré aprender en esta etapa de mi vida es que cuando nacen los sentimientos en un niño y comienza a entrar en la adolescencia, la vida adquiere otros matices. Los temas de las mujeres y las relaciones no son tan fáciles de manejar y, en ese momento de la vida, tenía que comenzar a aprender, para lograr ganarme un espacio en el corazón de aquella hermosa niña.

Como era el primer día de clases, nos reunieron a todos en un patio de juegos para contarnos cómo sería nuestro año escolar, los cambios en cuestión académica y qué profesores serían nuestros coordinadores durante ese nuevo año.

Durante toda la reunión busqué un lugar cerca a la niña que tanto me gustaba, solo para lograr verla. Pero cuando esta terminó y vi que ella se aproximaba a una profesora, para luego dirigirse a la sala de profesores, sentí que había perdido la mejor oportunidad para conocerla, porque luego de comenzar la clase ella conseguiría sus propios amigos, o hasta un novio, y ya sería demasiado tarde.

Cuando estaba confundido por esta situación, me acerqué a mi amigo, con cara de tristeza, siendo esta tan evidente que él pudo notar lo que me pasaba, y, como era común en él, buscó la forma de comenzar una charla para reírnos del momento.

En ese entonces, yo tenía mucha confianza con mi amigo, pero, aun así, no logré decirle lo que me estaba pasando, pues imaginé que me molestaría mucho por no tomar la iniciativa. Después de reírnos un rato y contar cosas que habían pasado en las vacaciones, nos dirigimos hacia el salón para comenzar con nuestra primera clase.

Al entrar en el salón, no se percibía ningún cambio. Este sería un año como los otros que habían pasado, ya que todos nos conocíamos, sabíamos en qué asientos nos tocaba y en qué grupos de trabajo estaba cada uno.

Pero, al cabo de algunos minutos, estábamos todos extrañados porque la profesora no había llegado. Aprovechamos el tiempo para reírnos de las historias que todos contaban. Todos estábamos en desorden, cuando pasó algo que jamás me imaginé que podía pasar.

Entró la profesora, con mal genio, pidiendo orden en el salón, pero lo que más me dejó sorprendido fue que llegaba al lado de la niña que tanto me había gustado. Nos pidió que hiciéramos silencio para presentarnos a la nueva compañera. Fue en ese momento que sentí que un milagro había pasado. La niña que más me había gustado en la vida había llegado a estudiar en mi salón. Pensé que el destino nos quería unir.

Después de terminar la presentación, miré a mi lado y, para mi sorpresa y alegría, el asiento estaba desocupado. Al instante, volví a pensar que algo extraordinario estaba pasando, ya que lo más seguro era que se sentaría a mi lado.

Pero me llevé una gran sorpresa cuando se sentó justo al lado de uno de mis compañeros, quien al verla venir hacia el asiento que estaba a mi lado, se levantó de su asiento y le ofreció uno que estaba desocupado al lado de él.

Sentí mucha rabia, porque sabía que habría competencia, pues la familia del compañero que le había ofrecido el asiento tenía mejores condiciones sociales y económicas que la mía, lo que me llevó a la preocupación.

En el momento en que comenzó la clase, mi atención solo estaba dirigida hacia ella. No despegaba la mirada del lugar donde estaba sentada, y podía observar cómo mi otro compañero trataba de conversar con ella. Algo que me dio un poco de tranquilidad fue el ver que ella no se veía a gusto con las cosas que él le decía, ya que estaba más dedicada a prestar atención a la clase que estaba dando la profesora.

Luego de terminar las primeras clases, logramos salir al descanso, donde repasaba en mi mente muchas formas para aproximarme a ella, conocerla y, así, ganarme su amistad. Al llegar al lugar donde estaba, un grupo de compañeras se le acercó para conocerla, y se pusieron a hablar. En ese momento decidí iniciar un diálogo con una de mis compañeras, que estaba en ese grupo, y con esto tener un pretexto para saludarla y que me presentaran con ella.

Cuando conseguí saludar mi compañera, estaba muy ansioso al pensar que una de mis compañeras nos presentaría, pero esperé demasiado, lo que permitió a que mi otro compañero se les acercara y las invitara a comer en la tienda de la escuela. Ese momento fue muy fuerte para mí, porque sabía que él lo hacía porque yo estaba ahí y no contaba con el dinero para poder invitarlas. Pensé que quería demostrarme que él podría conquistar la niña nueva antes que yo.

Apenas terminó el descanso, los pude observar charlando más a gusto. Por momentos pensaba que ella sentía gusto por él y que le importaban mucho las cosas que él le ofrecía, cosas que en el momento yo no le podía ofrecer. También pensaba en que los padres de ese compañero tenían una gran estabilidad económica, lo que le permitía tener siempre dinero para lo que quisiera hacer o comer. ¡Fue tan difícil poder competir en esas condiciones…!, aún lo fue más cuando vi que mi compañero se ofrecía a llevarla hasta su casa en el carro de sus padres.

Mientras caminaba hacia mi casa, sentía que la vida era muy injusta, que había personas que tenían muchos más recursos que otros sin ser las más capacitadas o inteligentes, como era el caso de mi compañero, que muchas veces faltaba a clases, y, cuando estaba en las clases, nunca prestaba atención a lo que los profesores enseñaban. Incluso presentía que le faltaba un tornillo en la cabeza, ya que hacía comentarios sin sentido, que más parecían palabras de un niño de primaria. Me parecía que, si en ese tiempo hubiera tenido las mismas condiciones económicas que él, seguramente ella estaría haciendo lo mismo conmigo.

Durante esa semana de clases todo era lo mismo. Ese compañero no se alejaba de ella y yo no sentía las fuerzas suficientes para hablarle, ya que sentía miedo de que ella me juzgara por no poder ofrecerle lo mismo que le brindaba mi compañero.

Al comenzar la siguiente semana, consideré que no podía seguir en la misma situación, pues esa niña, sentía yo, me gustaba demasiado (y no solo como amiga), pero no tenía el valor suficiente para demostrárselo.

Ese fin de semana visité a varios amigos que tenían novia, y les preguntaba cómo hicieron para conquistarlas. Quería estar enterado de todas las formas de conquista posibles, y utilizarlas para enamorar a esa niña que tanto me gustaba.

Muchos me daban consejos como «para poder impresionarla hay que comprarle detalles y regalos», otros me daban consejos sobre qué les gustaba hablar a las mujeres y cómo se les debía mentir para conseguir gustarles. Fueron tantas las sugerencias que al final no estaban acordes con mi forma de pensar... por lo que consideré necesario ser yo mismo y buscar gustarle con lo que yo podía ofrecerle. Sería un gran reto para mí, gustarle sin tener que mentirle y aparentando algo que yo no era. Pero sabía que era lo mejor, además, conocer si me aceptaría en esas condiciones.

Al iniciar clases sabía que había llegado el momento de luchar por la decisión que había tomado, y que mi felicidad debía primar por encima de los miedos. Cuando llegué a clase, observé que mi compañero y varias compañeras del salón ya estaban charlando con ella. Me dirigí, con gran seguridad, adonde ellos y les pregunté: «Hola, compañeros. ¿Saben si es verdad que la profesora está enferma? No ha llegado. Creo que hoy será día libre, o nos dejarán salir más temprano. ¿Quién quiere ir conmigo a preguntar?».

Al terminar de hablar le sonreí, y ella me correspondió. Con el rostro un poco sonrosado, se ofreció a acompañarme. Después de salir del salón y caminar hacia la sala de profesores, ella me sonrió, y con mucha alegría en su rostro, me dijo: «Muchas gracias por ayudarme a salir de ese salón. Estaban hablando tantas cosas bobas que no quería seguir fingiendo que me daba risa escucharlas. Caíste como un ángel del cielo».

Después de que ella me dijera esas palabras, sentí que mi alma volvía a entrar a mi cuerpo. En ese momento no sabía qué decirle, pero me tranquilizaba el saber que se sentía a gusto a mi lado, y no podía desaprovechar esa oportunidad.

Cuando caminábamos hacia la sala de profesores, sentía que el tiempo se estaba deteniendo a mi favor. No quería mentirle, como mis amigos me habían aconsejado; tampoco quería impresionarla con algo que no tenía. Solo busqué ser lo más sincero posible con ella y mostrarme natural.

Como la profesora en realidad estaba enferma, nos dieron la mañana libre para hacer actividades deportivas dentro del colegio, pero aproveché esa extraordinaria oportunidad para invitarla a sentarse en uno de los parques del colegio y hablar un poco sobre cosas que quería saber de ella. Lo que realmente me sorprendió fue cuando ella me dijo: «¿Por qué te demoraste tanto para hablarme? Desde que entré al colegio, en algún momento, nos miramos, y pensé que querías conocerme».

En ese momento no supe qué responderle. Mi rostro cambió, automáticamente, de color, y sentía que una roca caía por mi garganta. Mientras pensaba qué decirle, después de sonreír penosamente, tomé fuerzas para expresar: «Claro que desde que te vi, el primer día de clase, me pareciste una niña muy hermosa, solo que hoy fue el día indicado para conocernos. Espero que también te sientas a gusto de conocerme».

Cuando terminé de hablar, me miró a los ojos de tal forma, que sentí pena al no poder sostenerle la mirada, pero lo que más me hizo feliz fue escuchar en ese momento: «En una próxima ocasión no lo pienses tanto, porque en la vida podemos perder oportunidades por no tomar una decisión a tiempo. Yo también te quería conocer, solo que ustedes deben ser los que tomen la iniciativa».

Desde ese día todo en mi mundo cambió, al saber que la niña que tanto me gustaba también me quería conocer. Además, porque tuve el valor para hacer algo que sentía que no podría hacer. La decisión que había tomado esa mañana dio el fruto que esperaba obtener.

Luego de que ambos sonriéramos al mirarnos, sin tener ningún motivo, quise conocer todo sobre ella. Me parecía muy asombroso que ella viniera desde la capital a un pequeño pueblo a vivir; conocía tantas cosas que para mí eran nuevas..., como la tecnología, y cosas que para muchos en el pueblo eran extrañas. Su forma de vestir y todo lo que ella tenía me parecía encantador, lo cual me llevó a pensar que era perfecta en todo.

Al pasar las semanas y compartir más con ella, sabía que no solo podía ser su amigo. Estaba sintiendo cosas que jamás había sentido antes, pues ella no era una amiga cualquiera. Tenía que tomar el riesgo de pedirle que fuera mi novia.

Luego de encontrar las palabras perfectas para no recibir un rechazo, decidí buscarla en su casa después de las clases. Al llegar, la invité a dar una vuelta para charlar y vivir el momento ideal para dar ese paso tan importante.

Al caminar hacia el parque, resolví tomar su mano y decirle «¿quieres ser mi novia?». Ella sonrió y me miró enérgicamente a los ojos, y con esa voz angelical, me contestó: «Acepto, ¡claro que quiero ser tu novia!».

Después de escuchar esa respuesta, me sentí el hombre más feliz del mundo. Creía que había cogido el universo con mis manos, al haber sacado las fuerzas para decirle eso.

Hicimos un acuerdo de llegar al mismo tiempo al colegio el siguiente día de clases. Como ya éramos novios, decidimos entrar juntos y de la mano. Con cada paso que daba, podía observar que todos nos miraban y que nadie podía creer lo que veía. Al entrar al salón, ella cambió de lugar y se sentó a mi lado, una señal que buscaba demostrarle al otro compañero que no quería que le hablara más.

Todo marchaba muy bien, logré contarle sobre mi situación, que no podría ofrecerle en el momento las cosas que quisiera hacer, pero también le conté sobre todos los sueños que tenía y las metas que quería cumplir con el pasar del tiempo.

Después de compartir algún tiempo como novios, sentía que el amor se hacía cada día más fuerte y que no podía estar lejos de ella. Tuvimos algunos disgustos, porque ella me decía que tenía que viajar a la ciudad para estar con la familia, lo que la llevaría a estar todo el fin de semana lejos de mí. Lo que más me enojaba era que en diferentes ocasiones le manifesté que quería acompañarla y compartir con sus amigos y familia para que me conocieran, pero nunca aceptó, porque decía que lo mejor era darnos espacios para no aburrirnos de estar juntos.

Un fin de semana que ella decidió viajar a la ciudad, no aguanté las ganas de visitar su casa y hablar con su mamá. Ella tenía conocimiento de la relación que tenía con su hija. Permitió que entrara a su casa y logramos charlar un poco de la vida. Me preguntó por la mía, por mi familia y qué proyecto tenía en mi vida. Le conté todos los sueños que tenía y respondía a todas las preguntas que me hacía. Después de escucharme, y con una sonrisa me dijo, te daré un secreto «antes de ganarse a una novia, uno debe ganarse a su mamá».

ENSEÑANZA DE VIDA

En este capítulo de mi vida tuve muchas enseñanzas. Supe que era capaz de lograr grandes cosas y que nunca debemos suponer nada sin primero buscar conocer la realidad. Como seres humanos, todos podemos sentir miedo y que no podemos lograr algo que deseamos, pero nunca podemos dejar de intentar algo que nos haga felices y que deseamos tener en nuestras vidas.

La vida nos enseña mucho en cada paso que damos, y debemos aprender de lo más mínimo que nos pueda suceder. En esa oportunidad, fue conocer una niña por la que sentía atracción, pero a partir de ese momento lo tomé como una enseñanza: luchar por todo lo que me propongo, nunca pensar que será imposible para mí, nunca decir que no lo lograré, siempre luchar por lo que puede hacerme feliz.

Otra gran enseñanza fue nunca creerme menos que los demás. Nunca nos sintamos inferiores ante una persona o una situación, Dios nos creó muy bien hechos y con grandes capacidades para buscar nuestra felicidad. El único que podrá decidir lo que quieres en la vida eres tú. Dios nos da las capacidades, la meta la ponemos nosotros, no dejemos nunca de soñar.

Al compartir una tarde con esa amable señora, sentí que me aceptaba en su familia y que estaba muy a gusto conmigo. Fue tanto su agrado, que me invitó a una reunión familiar que se iba a realizar en los próximos días. Me pidió que acompañara a su hija, ya que se iba a aburrir sola en la fiesta de la familia.

Lo que más me gustó fue que logré conseguir la ubicación en la que mi novia estaba pasando los fines de semana. De regreso a mi casa no dejaba de pensar en lo siguiente: «¿Será que corro el riesgo de visitarla en la ciudad? Le daré la sorpresa y sabrá que estoy dispuesto a luchar por ella».

También era consciente de que no sería fácil lo que pensaba hacer, y que tenía que organizar muy bien las cosas para poder hacer ese viaje, que para mi edad y experiencia era difícil.

Como en las noches trabajaba como mesero en una discoteca, y en la casa de mi madre sembraba algunas verduras para vender con mi hermano, tenía un poco de dinero ahorrado, el cual decidí utilizar en esta aventura.

Para lograr que mi madre me concediera permiso de viajar, tuve que decirle una pequeña mentira sobre un campeonato de artes marciales que tenía ese fin de semana, por lo que no podría volver esa noche a la casa. Fueron muchas cosas las que tuve que hacer para lograr viajar a la ciudad, pero después de organizar cada detalle tuve el valor de tomar la decisión de viajar en búsqueda de ella.

Al llegar a la ciudad las cosas no resultaron tan fáciles como pensaba. En la terminal de buses, donde me bajé, había demasiadas personas y todas estaban muy apuradas. No sabía a quién preguntarle sobre la dirección que tenía, porque mi madre en algún momento me había dicho que tuviera mucho cuidado sobre con quién hablaba en la calle, ya que había muchas malas personas que me podrían hacer algo por ser tan joven.

Después de caminar por varios minutos, logré hablar con un policía, quien me dio las indicaciones para llegar al lugar. Estaba demasiado lejos de donde me encontraba, y un viaje en taxi sería demasiado para el dinero que tenía en ese momento. La única opción que tuve fue tomar varios buses que me podrían dejar cerca, y, así, no perder la oportunidad para poder sorprenderla.

Después de pasar por muchas sorpresas, en esas calles tan grandes para mí, y vivir tantas experiencias nuevas, logré llegar cerca de donde ella estaba. Caminé con mucha expectativa y emoción hacia donde me había dicho su madre que ella podría estar.

 Sentía que mi corazón explotaría con cada paso que daba, y el sudor caía por mi frente, por miedo, al pensar que no le gustaría verme en ese lugar. Después de recorrer cada cuadra de ese barrio, logré llegar a un pequeño parque, donde jamás la pensé encontrar.

Mis pies empezaron a temblar: vi a la niña que me tenía soñando en aquel momento, y de quien solo esperaba cosas buenas, consumiendo drogas con un rostro completamente diferente al que yo conocía. En ese momento no supe qué hacer. Quería ir y preguntarle por qué estaba haciendo eso, pero también quería alejarme de ese lugar para calmarme y no tomar una decisión acelerada, ya que los sentimientos que tenía hacia ella eran muy fuertes.

Después de calmarme un poco, logré pensar sobre todas las cosas que me decía mi madre sobre las drogas, y el ejemplo de un tío que cayó en ese mundo. Supe que lo mejor que podía hacer era apoyarla y demostrarle que estaba haciendo algo malo para ella y su familia.

Pero lo que más me preocupaba en ese momento era que tenía que tomar una gran decisión. No podía permitir que la persona que tanto quería viviera en ese mundo tan perdido, pero tampoco podía permitir que me arrastrara a mí por el amor que sentía hacia ella. Debía aprender una gran cualidad como persona para vivir esa situación tan lamentable y no dejar que me afectara.

INTEGRIDAD (Yom chi)

La integridad de una persona debe ser la mayor herramienta de crecimiento en la toma de sus decisiones

Al dirigirme hacia ella y lograr verla a los ojos, no pude aguantar las ganas de llorar. Ella sabía que estaba cometiendo un error, y se lanzó a mis brazos sin poder calmar su llanto. En ese momento no sabía qué hacer y no sabía que decirle, solo callaba, mientras la abrazaba. Después de esperar un poco, hasta que se calmara, con un tono de voz bajo y triste, me dijo: «¿Ves por qué no quería que vinieras? Yo sabía que no te gustaría saber la verdad, pero solo yo entiendo por qué vivo esto, y espero que me aceptes conociendo mi realidad».

Al escuchar lo que ella me decía, trate de entender que estaba pasando por un mal momento y que eso para ella era una enfermedad. Lo que no podía entender era cómo alguien de una buena familia y que no tenían ningún problema económico podía estar pasando por algo tan duro, como caer en la droga.

Cuando la abrazaba sentía mucho desánimo, por ver cómo alguien que quería tanto pudiera perderse como lo hizo mi familiar, quien había padecido sufrimientos y humillaciones en las calles por aquella decisión que tomó en su juventud.

Al lograr calmarse y parar su llanto, solo decidió callar. No quiso volver a hablarme durante toda la tarde, y solo tenía los ojos cansados y rojos, como consecuencia de lo que había consumido antes de que yo llegara.

Como estaba en silencio, mi mente pensaba en qué debía hacer en ese momento. No podía salir corriendo y dejarla sola en esa situación; no podía permitir ni aceptar lo que estaba pasando, porque el consumo de drogas, para mí, era considerado un gran error y, por los consejos que tanto me dio mi madre, sabía la gran equivocación que ella estaba teniendo en su vida.

Al caer la noche, me enfrenté a la dura realidad de vivir la odisea de regresar a mi pueblo con pocos recursos y sin mucho conocimiento de transitar por la ciudad. Decidí acompañarla al lugar donde se estaba quedando, y protegerla por si alguien quería aprovecharse del estado en el que estaba. Cuando llegamos a su casa, solo me abrazó muy fuerte, como pidiéndome que no la dejara sola. Solo pude decirle: «No sabes cómo me duele verte en esta situación. En el poco tiempo que llevamos de estar juntos, he logrado tenerte mucho cariño, y espero apoyarte en todo lo que pueda, para que juntos salgamos de esta difícil situación. Solo espero que recuerdes que en tus manos está tu futuro. Si deseas emprender un cambio y luchar por cosas buenas, ahí estaré; pero si no quieres mejorar estas cosas en tu vida, no permitiré que me arrastres a ese mundo, ni tampoco estaré con una persona que desea vivir estas cosas. Debo ser íntegro en todas las decisiones que tome en mi vida, y el amor no me puede dejar ceder a lo que no me conviene».

Al terminar de decirle lo que pensaba, me sentí muy débil interiormente, pero traté de verme lo más fuerte posible, para no demostrar que estaba dudando, y que sentía que podría perder algo que tenía mucho valor para mí.

Era muy difícil pensar en perder a la niña que más me había gustado en la vida, la que todos en ese colegio querían como novia, pero en el fondo sabía que, a pesar de todas esas cosas, el estar con alguien que hiciera parte del mundo de las drogas me podría afectar a mí, podría truncar todos los sueños que tenía en la vida.

Para despedirme, solo quise darle un fuerte abrazo, donde le demostrara todo lo que importaba para mí, y que estaría ahí, sin importar cuánto tuviéramos que luchar por que ella dejara eso, que tanto mal le estaba haciendo.

Después de dicho abrazo, solo esperé a que entrara en la casa. Pensaba en cómo alguien que parecía tan inocente y que tenía una excelente familia pudiera estar metida en esa maldición de las drogas. Me parecía muy difícil imaginar que este podría ser el último día en el que estaría con ella.

Inmediatamente, observé que ya se encontraba bien y segura en su casa; después, me dirigí a la mía. Como contaba con poco dinero, no podía tomar todas las rutas que tomé para llegar allá. Tenía que caminar largas distancias, preguntando constantemente sobre cómo llegar a la terminal, por lo que tuve el suficiente tiempo para pensar todo lo que había sucedido en ese día.

Pensaba que la idea de ir a esa ciudad era hacer realidad sueños, a su lado. Me parecía muy difícil imaginar que, en tan poco tiempo, todo lo que teníamos proyectado en nuestras vidas se podría derrumbar.

Entre tantos pensamientos cruzados, y miedo al imaginar que podía perder lo que tenía tanto valor para mí, tuve la mente tan confundida que logré llegar a casa sin dimensionar el tiempo y los riesgos que pude haber sufrido.

Después de llegar a casa, no tuve el valor de salir ese fin de semana. Les había contado a varios amigos sobre la decisión que había tomado de ir a visitarla y lo más seguro es que me preguntarían cómo me fue y que querrían saber todo sobre mi viaje. Estaba tan perturbado que no quería levantarme de la cama.

Después de terminar ese fin de semana, tan corto para mí, solo pensaba en lo que habría pensado ella después de vivir ese momento tan incómodo, y que muchas cosas podrían cambiar. Al dirigirme al colegio, al inicio de la semana, caminaba despacio y esperando que algo maravilloso pasara, solo quería controlarme al encontrarme con ella, quería que fuera solo un sueño.

Estaba muy atemorizado al saber que tendría que encontrarme con ella, pero también recapacitaba sobre lo que había pasado. No podía culparme por esta situación. Yo no podía controlar mi entorno y esa situación se me salía de las manos. Yo solo podía controlar mi vida y mis decisiones, pero era muy difícil lograr que todas las personas vivieran y pensasen la vida como lo hacía yo.

Al llegar al colegio, mis amigos se acercaron a preguntarme todo sobre el viaje; pero no podía contarles nada de lo que pasó, por respeto a ella. Al ser un tema tan delicado de hablar, solo eludí todas las preguntas y fingí estar enfermo, para poder seguir adelante sin tener que contarles nada.

Después de estar un rato sentado en el salón, entró ella. Sentí como si hubiese visto un fantasma, al verla. Mis manos comenzaron a sudar, y, al levantar mi cabeza, logré mirarla a los ojos. Su mirada me demostró que sentía pena conmigo, ya que había conocido la realidad de las cosas.

Siempre nos sentábamos juntos, como era de costumbre, pero ese día no fue capaz de sentarse a mi lado. Todos mis compañeros notaron la diferencia de ello, y también reconocieron que yo no estaba actuando normal.

El resto del día fue igual, yo solo esperaba que me diera una oportunidad de llegar a ella, para hablar con más calma de lo que había pasado. Hablar de cómo, juntos, podíamos buscar una solución; pero ella evitaba estar cerca de los lugares donde yo estaba. Me parecía que la actitud que estaba tomando no era la mejor, y no sabía qué pasaba por su cabeza.

Con la misma actitud continuó toda la semana, pero algo en su forma de ser había cambiado. Me alejé para respetar su decisión y no molestarla. Con cada día que pasaba, solo podía meditar sobre lo que había ocurrido, en las soluciones que me permitieran estar a su lado y no perderla, en cuánto la quería, en cómo me lastimaba el pensar en el daño que ella se estaba haciendo al consumir drogas y vivir ese mundo, pero lo que más me inquietaba era no poder pedir consejo a nadie, por respeto y miedo a dañar la imagen de la niña que tanto quería.

Después de pensar mucho, y pasar varias semanas alejado de ella, tomé la decisión de buscarla y ofrecerle todo mi apoyo, para afrontar juntos lo que ella estaba viviendo. No quería dejarla.

Como en el colegio muchos de mis amigos hablaban y sacaban comentarios sobre el porqué ya no estábamos juntos, no quise acercarme en ese lugar para hablar ese tema que me preocupaba tanto. Entonces, decidí buscarla después de clase, cuando no estuvieran sus padres, para tener el espacio indicado de tomar juntos la mejor decisión. Mi objetivo principal era alejarla de ese mundo.

Una tarde, después de terminar un trabajo con mi grupo de compañeros, me dirigí hacia su casa para hablar de lo que había pasado. Como había transcurrido un tiempo considerable, sentía que ya era el momento de darle la cara al problema, y tenía que escuchar lo que pensaba ella sobre todo lo que pasó.

También quería saber qué deseaba para su vida, siendo muy importante conocer si ella todavía quería estar a mi lado, o, si de lo contrario, quería cerrar ya el ciclo, para no seguir haciéndome daño por algo cuya solución desconocía.

Al llegar a su casa, sentí mucho temor por la reacción que tomaría. No quería sentirme rechazado por buscarla y querer hablar con ella, pero tenía claro que había llegado el momento perfecto.

Después de tomar fuerzas y respirar profundo, toqué a su puerta, esperé por un corto tiempo mientras abrían. Cuando abrió, solo nos vimos por unos cortos segundos a los ojos. Quería decirle muchas cosas con mi mirada, quería demostrarle que estaba allí para apoyarla en todo. Pero solo pudo bajar su angelical rostro y permanecer en silencio.

Después de varios minutos sin intercambiar ninguna palabra, tomé la decisión de iniciar la conversación. Por mi mente pasaban muchas cosas que deseaba expresar, pero solo pude decirle: «Quiero que sepas que no soy nadie para juzgarte, y que no vengo en ánimo de reprochar tus decisiones. Eres una persona muy especial para mí, y deseo siempre lo mejor para ti. Estoy para apoyarte en lo que necesites, espero que hoy me puedas contar muchas cosas y me permitas conocer un poco más de tu vida».

Al terminar de hablar, y sin imaginar qué pasaría, empezó a sollozar melancólicamente, mientras se lanzaba a abrazarme fuertemente. Me daba mucha tristeza verla llorar de esa manera, y quería calmarla un poco, pero al intentar hablarle solo quiso besarme. Me dijo: «¡Muchas gracias por todo lo que me ofreces, no sabes cómo me duele no poder ofrecerte lo que tú quieres de mí!».

Después de abrazarla con el mayor amor que puede existir y esperar calmadamente que su llanto le permitiera dejar salir todas aquellas cosas que le hacían daño, me pidió que camináramos un rato y que habláramos sobre muchas cosas que yo no sabía de su vida y que me quería contar.

Como el momento que estábamos pasando era muy incómodo y solo quería que ella se sintiera bien, consideré necesario decirle: «El cariño que tengo hacia ti es muy grande. Jamás dudes de él. Pero olvidémonos de todo eso en este momento, hoy no quiero ser tu novio. Lo único que deseo en este momento es que me veas como un gran amigo que quiere lo mejor para ti. Escucharé todo lo que me quieras contar. Solo seré ese amigo que te apoyará en lo que necesites. Claro, si me permites hacerlo».

Al terminar de hablar, sentí que todo había cambiado. Su rostro se iluminó con una hermosa sonrisa, que me permitió sentir que se podía buscar un camino que cambiara la difícil situación que ella estaba viviendo. Sabía que sería muy importante apoyarla, ya que no sería fácil para ella tomar una decisión que la apartara de ese bajo mundo en el que estaba inmersa.

Después de caminar por un largo rato sin tener un rumbo fijo, y sin buscar insistentemente que me manifestara lo que pasaba por su cabeza, ella comenzó a contarme sobre algunas cosas que la habían llevado a buscar en el consumo de drogas la felicidad y escaparse de la realidad que vivía.

Al escuchar su historia, se podía observar que todo lo que contaba lo tenía guardado en el fondo de su corazón. Podría ser que nunca había tenido la oportunidad de contárselo a nadie, y el solo decirlo le quitaba un gran peso de la espalda.

Me contó que desde su niñez tuvo que vivir en la soledad, debido al poco tiempo que le dedicaban sus padres. La dejaban con una señora que los ayudaba con los temas de la casa. También me dijo que los negocios que tenía su papá los obligaba a cambiar mucho de vivienda, de ciudades. Lo que más miedo le causaba era saber que tenían que esconderse en muchas ocasiones, porque su padre tenía muchos enemigos en los negocios.

Por estos motivos no podía tener amigos o compañeros de colegio con los cuales compartir y vivir cosas que todos los niños vivían.

En su vida, lo único que siempre tuvo a su lado fue la compañía del hijo de la señora que los acompañaba a todos los lugares, para servir a sus papás en temas de la casa. Aquel niño se hizo su gran amigo y confidente, pero también fue la persona que la incitó a consumir drogas.

En ese momento, y escuchando tantas cosas, sabía que el estilo de vida que yo había tenido, a pesar de las muchas necesidades que había en mi casa, no se comparaba con lo que ella había sufrido en su niñez. Justo entonces comprendí que tener dinero no lo era todo para una persona, existían muchas cosas más que eran importantes en la vida, como la compañía de la familia, que es invaluable en la formación de los hijos.

Luego de pasar mucho tiempo, nos dimos cuenta de que ya era de noche, y que había llegado el momento de acompañarla a su casa. Cuando nos dirigíamos allí, sentí que caminaba con una niña diferente a la que había estado conmigo antes. Su rostro estaba muy alegre, me sentí muy bien por haber logrado que descargara todas esas cosas que tenía en el fondo de su corazón y que necesitaban salir.

Una vez llegamos a su casa, nos dimos un fuerte abrazo, que me permitió transmitir todo ese cariño que sentía por ella, y dejarle claro que estaría a su lado, para apoyarla en todo lo que fuera necesario, que me importaba mucho su felicidad.

Al caminar de regreso, solo pensaba en todo lo que me había contado. Me parecía muy injusto que ella tuviera que pasar por todas esas cosas. Repasaba, una y otra vez, de qué manera podía ayudarla, para no seguir pasando por todas esas cosas que la habían llevado a dañar su vida y caer en el mundo de las drogas.

En ese momento era consciente que no sería fácil ayudarla, pero tenía que hacer algo para no dejarla sola.

Después, me acerqué mucho más a ella. Quería estar a su lado, apoyándola y dándole ánimo para que no volviera nunca a consumir drogas. Sentía que estaba siendo útil, e intentaba, por todos los medios, cumplir con mi palabra de que me importaba más ella como persona, y que sería su amigo para apoyarla en lo que necesitara.

Había instantes en que era muy duro no darle un beso y tratarnos como todos los novios lo hacían, pero también sabía que debía ser muy respetuoso en ese momento, y no podía aprovechar las condiciones que ella vivía.

En una ocasión, mientras hablábamos, noté que estaba un poco afligida. A pesar de que ella me hacía sentir momentos de felicidad y agrado, yo sabía que en el fondo no era así. Tomé su mano y le pedí que me contara qué pasaba por su mente. Pero ella, con miedo de contarme y al cabo de un tiempo, me dijo: «Uno de los miedos más grandes que tengo es seguir viviendo:

he sentido que no debo vivir más, y que la única forma que tengo para acabar con mi sufrimiento es la muerte».

Después de escuchar esas palabras y ver en su mirada tanta seguridad, sentí que las cosas estaban mucho peor que antes. En el mundo que ella vivía (y a pesar de que no le faltaba nada, económicamente), tenía muchos vacíos internos, y miedos, que la obligaban a pensar en tomar esa decisión tan fatal.

Solo pude explicarle que estaba equivocada al pensar de esa forma, le manifesté que debía sacar esos pensamientos de su cabeza. Algo que sí me quedó claro fue que, a pesar de todo lo que yo le decía sobre ese tema y las razones que le daba para que no pensara de esa forma, ya en su mente se encontraba esa idea. Era necesario que hiciera algo de inmediato, para impedir que pasara algo lamentable.

Cuando terminé de hablar con ella y de lograr calmarla un poco, tuve que buscar un lugar calmado donde poder sentarme a reflexionar sobre lo que estaba pasando, para tener claro qué decisión tomar. Lo que más me preocupaba en ese momento era saberme el único que tenía conocimiento de lo que le estaba pasando, y que, si no hacía algo para prevenirlo, podría arrepentirme toda la vida por no haberlo impedido.

Como tenía claro que estaba muy joven para lo que estaba atravesando, y que podría traer una calamidad, tuve que tomar una decisión para el bien de ella y para evitar que algo malo pasara.

Luego de pensar cómo lo haría, me dirigí hacia su casa. Tenía que aprovechar que ella estaría en la casa de una compañera hasta tarde, pues era vital hablar con su madre ese día. Necesitaba contarle todo lo que estaba pasando y las intenciones que ella tenía. Para mí, era la mejor decisión, ya que nadie más que la mamá sabría qué hacer en aquel momento.

Al llegar a su casa, pensaba que estaba haciendo lo mejor. Algo en mi interior me pedía que fuera muy claro en lo que dijese, pues este sería un gran momento para buscar la mejor solución al problema de su hija. Cuando logré entrar y ver la gran amabilidad de su mamá, comencé a contarle todo lo que estaba ocurriendo con su hija, y en cómo ella estaba pensando en tomar una mala decisión.

Como ya se había dado la oportunidad, tuve que contarle cómo la había encontrado aquella vez en la ciudad, consumiendo drogas. También le expliqué todo lo que ella sentía del trabajo que tenía su padre, todas las cosas que ella me contó sobre su vida y el porqué quería acabar con ella.

Después de escucharme, y muy afligida por todo lo que yo le contaba, me agradeció mucho por haber tenido la fortaleza de contarle algo tan importante, y me prometió que tomaría algunas decisiones que cambiarían su vida y la de su hija. Fue muy difícil escuchar que ella tampoco estaba feliz con su estilo de vida, pero también sentí mucho orgullo cuando dijo que, gracias a lo que habíamos hablado, buscaría ser feliz al lado de la hija que tanto amaba.

Como no le había dicho a mi novia de las intenciones que tenía de hablar con su mamá, le pedí que, por favor, no le contara lo que había hecho, y le expresé que deseaba lo mejor para ellas dos.

Al día siguiente me acerqué a ella, y pude ver que no estaba bien. Creí que estaba enojada porque se habría enterado de lo que yo había hecho. Por ello, en la hora del descanso, me acerqué a hablar con ella, para saber por qué estaba así y decirle que lo había hecho por su bien, pero no me esperaba escuchar lo que me quería decir: «Hay algo que tengo que hacer, pero no quiero. Ayer hable con mi madre, y me pidió que nos fuéramos a vivir a otro país, adonde una tía que amo demasiado. También me explicó que no seguirá más con mi papá, por muchos problemas que han tenido. Por mi cabeza pasan muchas cosas. No sé si viajar con mi mamá y cambiar todas esas cosas malas que vivo actualmente, o quedarme con mi papá, porque no deseo alejarme de ti, que tanto me has apoyado y has tenido tanto cariño para mí».

Luego de escuchar eso, no sabía qué responderle. No quería dejar que se fuera de mi lado, pero tampoco quería que siguiera viviendo ese estilo de vida que la llevaba a tener tan malos pensamientos. Algo que sí tenía claro era que debía pensar en ella más que en mí y, aunque me estuviera muriendo por dentro, solo tuve fuerza para decirle: «Tú debes pensar en ti y tu mamá. Si crees que donde estás y lo que estás viviendo no te hace bien, entonces debes buscar lo mejor para ustedes. Yo, de verdad. te quiero mucho, pero lo que más me podría hacer feliz es saber que tomaste una decisión que te haga feliz. Debes viajar y apoyar a tu madre».

Al terminar de hablar, me dio el mejor beso de mi vida, y me dijo, con una gran sonrisa: «Es lo que esperaba escuchar. Eres mi ángel».

En el fondo, sabía que sería muy duro dejar ir a la única niña que, hasta el momento, me había hecho sentir cosas nunca experimentadas. También estaba muy feliz de pensar que ella cambiaría ese estilo de vida y todos esos malos pensamientos que pasaban por su cabeza. Había cumplido mi palabra y demostrado que pensaba primero en ella, antes que en mí.

Días después me pude comunicar con ella. Me contó que estaba viviendo en un lugar muy bonito, que le tocaba aprender otro idioma y que sentía que su mamá estaba muy feliz con esa nueva vida. También me expresó que inició un tratamiento para dejar las drogas, y que no las ha probado desde el día en el que la vi consumir, que estaba muy feliz por el apoyo que le brindé y que siempre me llevará en su corazón.

Esa fue la última vez que hablé con ella. Años después me enteré, por redes sociales, que había terminado la universidad. Me hizo muy feliz saber que trabajaba como psicólogo en un pueblo de ese país, y que ayudaba a niños víctimas de las drogas en su reinserción en la sociedad.

ENSEÑANZA DE VIDA

Este capítulo de mi vida me dejó unas tristes enseñanzas. Para uno, es difícil decir adiós a un ser querido, y más cuando esa decisión se toma al ver que las personas que se quieren toman malas decisiones, las cuales nos pueden perjudicar. Lo más difícil es retener a esos seres queridos, aun sabiendo que no serán felices, y que por un capricho personal podrían enfrentarse a una tragedia.

Por ese motivo, aprendí a dejar ir, a no poner mis intereses por encima de los de los demás y para tener en cuenta, siempre, que todos merecemos una segunda oportunidad.

En la vida todos los valores son importantes para soportar los obstáculos que se nos puedan presentar. En este momento de la vida, aprendí a actuar íntegramente, a buscar siempre lo correcto. Tuve que ser muy consciente de la situación, y no solo hacer lo correcto para mí, sino también hacerlo a otras personas, que consideraba lo necesitaban mucho más que yo.

También aprendí a no confiar en las personas que solo buscan sus propios intereses, las egoístas; a ayudar sin esperar nada a cambio, ya que, si no dan nada, al menos no nos quedamos esperando.

Al pasar los años, por motivos que no me esperaba, me tuve que retirar del deporte que ocupaba gran parte de mi tiempo, que me ayudaba a sentirme ocupado y el que parecía ser la única forma de que estudiara en la universidad. Eso también marcó mi vida, no podía seguir realizando una actividad que hacía parte de mí.

Consideraba que no iba a ser fácil, después de llevar tantos años con la rutina de hacer ejercicio todas las tardes, lo cual me ayudaba a educar mi forma de comer, pensar, actuar y vivir.

Fueron unos momentos de confusión, donde buscaba diferentes formas de entretener mi tiempo y llenar ese vacío que había quedado en mí sin tener que tomar una mala decisión.

Después de transcurrir un tiempo entre risas y penas, con momentos malos y cosas muy buenas, llegó a mi vida una época que no quería que llegara, ¡el fin del colegio! ¡A empezar a trabajar!

Este tiempo fue muy difícil de vivir, no contaba con los recursos suficientes para pagar mis estudios. Tenía claro que tampoco mi madre podría ayudarme con ese tema, y estaba solo en mis manos hacerme cargo de qué pasaría con mi vida de ahí en adelante.

Tenía la posibilidad de continuar con la tradición familiar y trabajar en las labores de campo, pero esto no era lo que deseaba. Yo quería estudiar y lograr grandes cosas, en mi mente tenía muchos sueños por cumplir.

Desde ese momento, dediqué todo mi tiempo a buscar un trabajo que me permitiera estudiar, una universidad que ofreciera la carrera que yo quería, con facilidades de horario y que no interfiriera con el trabajo que necesitaba para pagar mis estudios.

Esta búsqueda no fue fácil. Llevé muchos currículos a diferentes empresas y traté, de muchas formas, conseguir algo que no me quitara el sueño de ser profesional, y, con ello, ofrecerle una mejor vida a mi familia.

A medida que pasaba el tiempo, solo veía cómo mis amigos iniciaban sus estudios. Sentía que me quedaba solo, ya que los estudios los realizaban en la capital, y el no tener cómo pagar mi carrera los alejaba de mí y de mi sueño.

Tener necesidades en la vida nos motiva a buscar diferentes formas de conseguir aquello que nos falta. Por este motivo, busqué ganarme los recursos necesarios para cumplir mi sueño de estudiar. Agradezco mucho a la vida por vivir algunas necesidades, siento que eso me enseñó a ser fuerte y a no sentirme derrotado en la trabajosa búsqueda de alcanzar lo que más deseaba.

Como nací en un municipio de tradición política, donde la mayoría de los habitantes, por alguna razón, tienen relación con este gremio, y como en mi juventud tenía muchas amistades, una de estas me enseñó acerca de la política, y de cómo, en este gremio, se puede ayudar a la sociedad. Al conocer esto, empecé a indagar sobre cómo podría conseguir una beca para realizar mis estudios.

Después de hablar con aquella amiga, me dediqué a ganarme un espacio en ese gremio. Para mí, no sería tan fácil, porque no tenía ningún familiar que me enseñara o me abriera un espacio para presentarme ante ellos, por lo que tuve que iniciar solo ese camino.

Prontamente llegaron amigos, con los cuales inicié dicho proyecto. Fuimos muy bien recibidos por los políticos del momento, ya que se encontraban en contiendas políticas y nuestro grupo de jóvenes tenía una excelente imagen en el municipio.

Pero, en la vida real, no todo es tan bueno. Al terminar las elecciones de ese periodo, todo comenzó a cambiar. Aquellos a quienes ayudé y por quienes trabajé para fortalecer su estructura política no volvieron a contestar su teléfono, y ya no se podían encontrar en las viviendas donde, usualmente, nos atendían en campaña. Aprendí un dicho muy usado en ese gremio y que era nuevo para mí «llegó la época fría, ya la política pasó, ahora no nos necesitan».

Ese día sentí algo difícil de explicar. Tenía un nudo en la garganta por sentir que había sido usado. Me prometieron tantas cosas... Todo ello me llevó a ver mis estudios universitarios como una lejana posibilidad.

Al tener claro que no podía contar con aquellas personas para las que trabajé a cambio de una beca, sentí que tendría que tomar una decisión que cambiaría mi vida.

¿PODRÉ SER PROFESIONAL SIN EL APOYO DE NADIE?

Esas fueron las palabras que comenzaron a pasar por mi cabeza. A parte de esto, también me preguntaba:

«¿Será esta una prueba que Dios me está poniendo en la vida?»

«¿Será imposible para mí lograrlo?»

Después de repasar y repasar en mi cabeza cuál sería la forma de lograrlo, me puse en la tarea de pensar, con los pies en la tierra, las posibilidades que tenía y qué debía hacer. Lo más importante era no truncar mi sueño, como muchos, que, por dificultades de la vida, se dieron por vencidos.

La semana siguiente comencé a informarme sobre las becas que ofrecía el estado para educación universitaria, los precios y las carreras que tenían las universidades de la región. Además, busqué qué requisitos exigían y las posibilidades de movilidad, ya que en el municipio donde vivía no había instituciones universitarias.

Una vez realizado este análisis, identifiqué la posibilidad más asequible para realizar mis estudios. Era en la universidad que se consideraba la mejor de la región y con los costos más bajos del mercado, pero también la que tenía mayores exigencias para aceptar estudiantes. Esto me hacía pensar que sería muy difícil llegar a ser aprobado, pero no lo consideré algo imposible.

No me podía dar por vencido sin haberlo intentado. A la semana siguiente utilicé algunos de mis ahorros para realizar la inscripción, y puse este sueño en manos de Dios.

Como el proceso de selección duraba algunas semanas, solo decía a mis amigos lo que había hecho, para sentirme bien.

Muchas de las personas con las que conversaba sobre el tema me hacían sentir que sería imposible conseguirlo, porque ellos trataron de entrar y no lo lograron. Aprendí que es muy dañino escuchar personas negativas y, lo peor, compartir tus sueños con ellas, ya que podrían arruinar tus esperanzas. Siendo esto lo que me sucedió, dejé de creer que sería posible, y solo me resignaba a esperar el día que publicaran los resultados, para mostrar a mis amigos que lo había intentado y que sería en otra ocasión. Como ya creía que no había podido entrar a la universidad, me dirigí, desanimado, a conocer los resultados, y así buscar otra opción para hacer en mi vida. En ese momento ya creía que no lograría ser profesional, y mejor pensaba en qué camino tomar.

Una vez ingresé en la universidad para revisar el listado, me di cuenta de que más de 400 personas se habían inscrito, y había solo 60 plazas, lo cual apartó de mí cualquier esperanza de pasar.

Con mucha desilusión y tristeza en mi cabeza, solo le pedía a Dios que no me abandonara, le manifestaba que él conocía mi corazón y mis sueños. Me dispuse a buscar mi nombre y saber en qué posición de la lista había quedado. Los escogidos estaban del uno al sesenta, y la posición de la lista era en el orden de los mejores puntajes.

Tomé valor y comencé mi búsqueda. Como consideraba que no había logrado pasar, comencé a buscar desde el último en la lista hacia arriba. A medida que me acercaba a los primeros, sopesé el haber cometido un error en la inscripción. Como no me encontraba en la lista, pensé que no estaría en ella.

Después de ver todos los no clasificados y continuar revisando los nombres de los que fueron admitidos, solo por curiosidad, pasó algo para lo que no estaba preparado, algo que me llenó de muchas emociones. Mi nombre fue uno de los elegidos dentro de los mejores puntajes, como milagro de Dios, ya estaba aceptado en una de las mejores universidades de mi país. No podía creerlo.

Al regresar a casa, muchas cosas pasaban por mi mente. Me sentía muy feliz por saber que lo que llevaba tiempo pidiendo a Dios se había hecho realidad, ¡era una realidad! Pero también me asaltaban algunas dudas:

«¿Cómo voy a pagar el semestre?»

«¿Cómo voy a viajar todos los días, si es en otro municipio?»

«¿Cómo voy a comprar lo que pidan en la universidad?»

«¿Seré capaz de cumplir con el alto rendimiento que exige esta universidad?»

Pensar en esto me exigió cambiar mi forma de ver las cosas. Era claro que ya no sería más un jovencito de pueblo. Tenía que pensar razonablemente y no cometer un error al dejar pasar esta gran oportunidad que Dios estaba colocando en mi camino.

Llegó el momento de utilizar uno de los principios que me enseñó el Tae Kwon-Do, el cual formó gran parte de mi vida.

PERSEVERANCIA (In Nae)

Tener perseverancia es ser capaz de volver al principio, tener paciencia, confianza, y saber que, con suficiente intención y preparación, nada es imposible y ningún obstáculo es demasiado grande (Barcelona Taekwondo Center, sf).

Como el tiempo para realizar el pago del semestre sería muy corto, me dediqué a ingeniarme diferentes formas de obtener dinero. No podía dejar que la falta de este fuese un obstáculo para iniciar mis clases, ya que tenía confianza de que lo podía lograr.

Fue entonces que, sin sentir vergüenza, me dediqué a vender rifas, postres y demás a mis amigos más cercanos. Llevaba un control del dinero que diariamente conseguía, para, así, reunir el total de dinero que costaba el semestre.

Realicé el trabajo con tanta dedicación que conseguí la totalidad del dinero que necesitaba en menos tiempo del que me había propuesto, y, sin dudarlo un solo momento, me dirigí a pagar el primer semestre de la universidad.

Tenía claro que no poseía las condiciones para afrontar lo que conllevaba iniciar las clases. Pagar el semestre solo era una de las responsabilidades que tenía que asumir, ya que después de iniciar clases vendrían muchos más gastos, pero tenía fe en que lo podía lograr. En mi mente me repetía todos los días antes de comenzar clases: «Si Dios me permitió llegar hasta aquí, estoy seguro de que me dará las herramientas para culminar con éxito esta meta».

Asumiendo con responsabilidad que iniciaría una etapa educativa que me exigiría alto rendimiento, me dediqué a investigar sobre esta carrera. No quería perder un solo día, con tal de que, al iniciar mis estudios, estuviese preparado para aprovechar esta gran oportunidad.

Como era de esperarse, mi primer día de clases había llegado. Fue tanto el deseo que tenía por iniciar este capítulo de mi vida que llegué algunas horas antes de iniciar la clase. Quería conocer todo lo que había en la universidad. Creía que estaba soñando y no me quería despertar.

Al iniciar las clases, logré relacionarme con diferentes personas y formas de pensar. Sabía que de todos podía aprender algo, lo cual me ayudaría a formarme plenamente.

Ese día estaba tan emocionado con todo lo que vivía que no me percaté de que se me había hecho tarde para devolverme a casa. Algunos de los estudiantes que vivían en mi municipio pagaban un trasporte privado que los esperaba al terminar las clases, otros tenían transporte propio. Pero mi problema en ese momento era no haber planeado cómo regresaría, después de clases, a casa.

Por lo tarde que era, ya no había trasporte intermunicipal que me dejara cerca de mi casa. Entonces, fue necesario dirigirme a una vía lejana y sola, donde pasaban vehículos que podrían dejarme en la variante que atraviesa mi municipio. Esta espera no fue fácil. Sentirme solo en esa vía oscura, con tantos peligros que podría tener, me dejaba claro que no sería fácil lo que me tenía que enfrentar.

Después de esperar unas largas horas, logré abordar un vehículo de carga que se dirigía hacia la capital y me ofreció su ayuda. Estos fueron unos momentos que siempre recordaré, porque, a pesar del miedo, el hambre y el cansancio que sentía, podía sentir que no importaba lo difícil que fuera el camino y los obstáculos que tuviera que saltar. Era consciente de que lucharía con todas mis fuerzas por alcanzar esta meta.

ENSEÑANZA DE VIDA

Este capítulo de mi vida ayudó a formar mi personalidad, conociendo que las dificultades que se me presenten al luchar por mis sueños serán la plataforma para proyectar qué estilo de vida quiero tener.

Una realidad que experimenté fue saber que es mejor partir de la premisa de que estamos solos en la vida. Todo esto al buscar apoyo en diferentes personas, donde les contaba la situación que estaba viviendo, y esperando que valoraran mi esfuerzo y me dieran un pequeño apoyo, para poder iniciar este camino en mi vida. Debemos tener claro que con nuestros propios esfuerzos y sin dejar en manos de terceros el destino de nuestras vidas, debemos buscar los medios para hacer posible lo que nos propongamos como personas.

Si en algún momento alguien valora nuestro esfuerzo y nos brinda su apoyo, debemos aprovecharlo, pero nunca debemos dejar de luchar por las metas que nos hayamos propuesto.

También, durante esta época, comparé mi vida con un combate de taekwondo. Me imaginé cómo, en las tantas veces que llegaba a pisar un tatami en las competencias, cuando el árbitro daba inicio al combate, lo único que llegaba a mi mente era el deseo de ganar, sin importar qué tan grande era el contrincante, qué cinturón tenía o qué tan ligero podría ser. Lo único que pensaba era que todos los días entrenaba con todas las fuerzas para ser mejor, que todos los días dedicaba mi vida a ese deporte, por lo que me sentía preparado para afrontar cualquier combate que surgiera en ese camino deportivo. Podía comparar mi vida a esta práctica, ya que todos tenemos que combatir de diferentes formas.

El padre o madre, que lucha por educar a sus hijos, debe combatir todos los días por llevar la comida a su casa, ofrecerles un techo digno y las condiciones necesarias que los seres humanos necesitamos para vivir honradamente.

El profesor, que debe dedicar sus días a educar el futuro de las nuevas generaciones, debe combatir con la precariedad de recursos que el estado invierte en la educación, y de esa forma brindar una educación que llegue con excelencia a todos sus alumnos, siendo estos responsables en gran parte de su futuro.

Los campesinos también deben enfrentarse, en sus jornadas, a muchas dificultades, como lo es el daño en el medio ambiente, generando descontrol en el clima, lo que daña constantemente sus cultivos y sus sueños.

Como estos, hay en cada persona una batalla en la vida, siendo mi batalla el cumplir académicamente con las exigencias de mi universidad, buscar las formas para costearme mis estudios y, lo más importante, no declinar en la búsqueda de este sueño, pasase lo que pasase.

Para salir victorioso, me aferré a mi fe en que Dios me daría la fuerza para sortear los problemas que se me pudieran presentar, para ser perseverante, para tener seguridad en cada paso que daba, manteniéndome firme y constante en la realización de mi objetivo.

A partir de ese momento, todos mis esfuerzos se concentraron en conseguir los recursos necesarios para no faltar a clases, en aprovechar cada una de ellas. Era consciente de que estaba pagando para formarme como profesional, inversión que no podía perder.

Algo que me asustó un poco fue cuando, un fin de semana, después de hacer cuentas, vi que no tenía los recursos para asistir la semana siguiente; pero, como siempre, llegaba a mí una nueva idea de cómo buscar los recursos para no dejar de asistir a las clases.

Con el paso del tiempo, comencé a tener más confianza en mí mismo, lo cual, a pesar de la gran exigencia académica que tenía la universidad, me ayudó a cumplir con todo lo que requerían.

Pero no todo podía ser color de rosa. Llegó el momento de pagar un semestre que se cruzaba con las fiestas de fin de año. No me sentía que capaz de hacerlo, ya que lo que reunía lo tenía que utilizar en transporte. Pensaba que ello me obligaría a cancelar mis estudios.

El solo pensar en hacerlo me estaba llevando a bajar mi rendimiento en la universidad. Tampoco quería tomar una mala decisión a causa de la desesperación, como la que me ofrecía un compañero de la universidad, que se dedicaba a comercializar drogas.

Fue así como un día, al salir de clases, hablé con un amigo acerca de la situación que estaba viviendo. Le manifesté que no quería cancelar mis estudios y que tampoco quería aceptar la propuesta que me estaban haciendo. De una manera graciosa, me propuso que trabajara para él, ya que administraba una finca cañera, justamente en mi municipio, y tenía forma de ubicarme a trabajar.

En aquel momento, y sin pensarlo dos veces, le respondí que sí, que cuándo podía comenzar. Él se imaginaba que lo decía en broma y me respondió que al otro día podía comenzar, y que llevara una pala.

Como era hijo de familia campesina, tenía las herramientas que él me había pedido. Tomé esa nueva experiencia como una prueba que Dios estaba colocando en mi camino, para saber si tomaría una mala decisión facilista o me sacrificaría para lograr mi sueño.

Con mucho deseo de saber qué haría en aquel nuevo trabajo, me dispuse a madrugar con mucha satisfacción, sabiendo que podría reunir el dinero para pagar el semestre que estaba por venir, y, de esa forma, no pararlo.

Al día siguiente, después de madrugar como nunca antes lo había hecho, me dirigí a la finca que mi amigo administraba. En mi interior, me hacía estas preguntas:

«¿Será que él me dijo que madrugara en broma y me tengo que devolver?»

«¿Podré hacer el trabajo que me ponga a hacer?»

«¿Será que, al estudiar conmigo, sabrá de mi sacrificio y me pondrá un trabajo suave, porque no estoy acostumbrado a estas labores?»

Pero solo me di cuenta de la realidad cuando llegué aquella mañana a esa finca. En la mirada de mi amigo se vio su asombro. Él se imaginaba que no tendría la capacidad de ir a enfrentarme a un trabajo como esos, pero cumplió con su palabra, y, ese mismo día, me ubicó en mi nuevo trabajo. Con alegría, conocí a quien a partir de ese momento sería mi nuevo jefe: un capataz que estaba al frente de una labor nueva para mí, la resiembra de caña de azúcar.

Hasta ese momento, todo iba muy bien. Solo me explicaban de qué se trataba el trabajo, cuál sería el horario y cuáles serían mis funciones. Mientras más escuchaba sobre ese trabajo, más me interesaba, pero algo que jamás me imagine fue lo difícil que sería el poder realizarlo. Cada minuto que pasaba haciendo los huecos para echar la semilla de la caña o las demás labores que tenía que realizar se hizo eterno para mí.

El sentir el sol en mi espalda, el disfrutar una gota de agua y el conocimiento del poco tiempo que nos daban para desayunar en medio de los cañaduzales me enseñaron que el trabajo en el campo era el peor remunerado, por el gran desgaste que genera en las personas que lo realizan. Lo que daba fuerza suficiente para no decaer era saber que, con aquel escaso dinero, podía continuar mis estudios.

Al pasar los días, mi cuerpo comenzó a adaptarse a los duros rayos del sol; sentía que podía rendir más en las jornadas diarias e, incluso, observé que algunas cosas se podrían mejorar, por lo que le daba recomendaciones a mi jefe, el capataz.

Vi mi primer pago como una bendición de Dios, y alcancé a reunir el dinero suficiente para pagar el semestre, ya que estaba a punto de vencerse la fecha de plazo. Sentía como se quitaba un gran peso de mi espalda. Desde un inicio, sabía que no sería fácil cumplir esta meta, pero estaba dispuesto a seguir, día a día, luchando bajo ese sol, si era necesario, para hacer este sueño posible. A pesar de ser muy poco el dinero ganado en ese difícil trabajo, para mí era importante poder ganar algo que me diera cierta tranquilidad financiera, mientras llegaba algo mejor, por lo que continué trabajado un tiempo más.

Para algunos de mis amigos, yo estaba quedando loco al ponerme a trabajar en esas condiciones. Teniendo en cuenta que estaba estudiando una carrera universitaria, muy pocos se ponían en mi posición, por lo que hacía caso omiso de sus cometarios.

Aunque siempre buscaba ser lo más centrado en mis decisiones, no podía dejar de lado que era un joven que sentía como cualquier otro, con miedos, dudas y que quería encajar en un grupo social.

Al pensar de esta manera, comenzaba a sentir que debía estar a la altura de los demás, como teniendo el celular de temporada, cosas que veo hoy como insignificantes. Esto me hizo a dudar sobre lo verdaderamente valioso en la vida.

Llegó un momento en el que muchos de mis amigos y conocidos tenían celulares de moda, y consideraba que yo también debía tener uno de esos, para no tener que buscar alguna excusa cuando me pidieran lo que en ese momento se llamaba mi pin.

Como había reunido algún dinero durante mi trabajo en la finca que administraba mi amigo, y como seguía haciendo otras actividades para reunir lo de mi transporte a la universidad, contaba con el valor exacto para comprar el celular que me daría la tranquilidad de no sentirme inferior en la sociedad.

Teniendo en cuenta que el dinero estaba guardado en una cuenta bancaria, me dirigí lo más pronto posible a retirarlo. Estaba muy complacido porque me podría dar ese gusto, que sentía que merecía.

Cuando ya tenía el dinero en mi poder y me dirigía a hacer la compra, muchas cosas pasaron por mi mente. No podía tomar una decisión solo para hacer feliz a los demás, tenía que analizar qué era lo que en verdad tenía más importancia en mi vida.

En ese momento logré recapacitar sobre dejarme llevar por un impulso. Empezó a pasar por mi cabeza que no podía ser egoísta con mis decisiones, que tenía que saber muy bien en qué invertir aquel dinero que me había costado tanto conseguir.

Después de pensar mucho, recapacité sobre lo que realmente importaba en mi vida. Sabía que en el momento tenía cosas que valían mucho más que tener un objeto de momento, que solo lo quería para complacer a mi círculo social.

Tenía claro que lo que más importaba era mi familia. Yo deseaba mucho hacer realidad algo que alguna vez escuché en esta canción de Vicente Fernández:

Camino al cielo

*A todos los que dicen que
el dinero es toda la felicidad.
A todos los que dicen que
el dinero todo lo puede lograr...*

*Les juro que es mentira.
Les juro que es mentira.
Hay cosas en la vida que
el dinero nunca las podrá comprar...*

*Digan quien ha visto
un signo de pesos
que le ponga precio
a la vida y al tiempo...*

*Digan quien me vende
para regalarle*

*una nueva vida
a mi madre y a mi padre...*

*La pobre de mi madre
se durmió pensando
en un nuevo mañana
y ver su sueño realizado...*

*Una casita blanca
rodeada de pinos,
para mirar crecer
a los hijos de sus hijos.*

*Un ranchito en el campo
con milpa y ganado,
fue lo que tantos años...
Dinero maldito,
ahora que te tengo...
de nada me sirves
si ya no tengo a mis viejos...*

*Ya mi padre y mi madre se fueron
tomados de la mano
por el camino al cielo,
ahora que tengo todo
lo que para mí quisieron.
Qué ironía de la vida
ya no los tengo a ellos...*

*Ya mi padre y mi madre se fueron
tomados de la mano
por un camino al cielo,
ahora que tengo todo
lo que para mí quisieron.
Qué ironía de la vida...*

Aquella canción me hizo caer en cuenta de que tener dinero no lo es todo en la vida, que no solo podía dedicar mi tiempo en pro de buscar estar mejor económicamente, ya que la vida tenía muchas más razones para vivir, como lo es aprovechar el tiempo para compartir con nuestra familia y dar lo mejor para ellos, ya que en cualquier momento nos puede faltar y nos podemos arrepentir de no haberlos valorado.

Por todos estos motivos, y mirando la realidad que vivía en aquel momento, sentí con mucha felicidad que debía tomar una valiente decisión.

¿ES MÁS IMPORTANTE UN OBJETO INNECESARIO PARA MÍ, QUE LA FELICIDAD DE MI FAMILIA?

Pensando en esta pregunta, recordé una ocasión cuando charlaba con un gran amigo sobre nuestro futuro. Le contaba sobre lo que quería lograr en mi vida, siendo el arreglar la casa de mi madre una de las metas a corto plazo.

Él también había tenido una vida con muchas dificultades, las cuales lo habían obligado a tener diferentes trabajos, aprendiendo así distintas artes. Me expresó que tenía conocimiento sobre cómo hacer los cambios que necesitaba la casa de mi madre. De esta forma, lograríamos ahorrar la mano de obra, que era uno de los costos más altos.

Para esos momentos no sabía, ni podía verificar, si lo que decía mi amigo sobre conocer de esos temas era verdad. Fue, entonces, por el gran deseo que tenía de ver hermosa la casa de mi madre que no dudé en comprar los materiales que mi amigo me había indicado.

Una vez comprados los materiales, pasaban por mi cabeza pensamientos como:

«Yo no conozco nada sobre construcción, ¿cómo podré ayudar a mi amigo?»

«¿Será que lograremos hacer algo con tan poco dinero?»

«¿Qué tal que mi amigo no sepa de construcción y hagamos las cosas mal?»

«¿Será que tome una buena decisión?»

Aunque para ese tiempo no llevaba mucho tiempo de conocer a mi amigo, sentía mucha confianza en él. Sabía que lo estaba haciendo porque me quería ayudar, y tenía que correr el riesgo, en búsqueda de hacer feliz a mi madre. Nos habíamos propuesto iniciar el trabajo al día siguiente de comprar los materiales. Como si fuera un trabajo remunerado, llegó mi amigo a primera hora y comenzamos el trabajo planeado.

Después de terminar la mañana, y ver un poco el avance de lo que estábamos haciendo, no sentía el más mínimo cansancio que creí llegar a sentir cuando comenzamos este proyecto.

Parecía como si él llevase mucho tiempo haciendo esta labor. Era muy poco lo que habíamos logrado hacer, pero fue, para mí, el inicio de un compromiso de vida, ver una casita blanca rodeada de pinos, donde mi madre pudiera ver crecer ahí a los hijos de sus hijos.

Recuerdo ese día como si hubiera sido ayer. Cuando logramos terminar de adecuar algunos espacios da la casa, sentí algo mágico en mi cuerpo, que me daba más fuerzas para seguir con este propósito.

Fue tanto el amor que le pusimos a ese trabajo, que me demostró el gran compromiso que tenía mi amigo en ayudarme, ya que no terminamos de trabajar hasta que llegó la madrugada.

Al terminar y ver el avance, sentimos como si hubiéramos hecho esto por años. Fue un gran orgullo para mí ver que mejoró considerablemente el espacio donde trabajábamos. Ese día tenía claro que había hecho lo mejor, y que había logrado dar el primer paso, gracias a la fuerza que me dio mi amigo, lo cual le agradeceré por siempre.

Los días siguientes de trabajo fueron cada vez mejores, debido a que el cambio que daba la casa se veía reflejado en todos nosotros. Me daba mucha alegría ver el rostro de mi madre, que, yo sabía, se sentía muy alegre cuando veía las mejoras de su casa.

Ya que hicimos estos trabajos en diciembre, estaba cada vez más cerca el día de finalizar año. Como era costumbre en aquellas fechas, las familias aprovechaban para estrenar y recibir el nuevo año con ropa nueva. Pero en ese fin de año sería imposible para mí, ya que todo el dinero que tenía lo había invertido en el arreglo de la casa.

Sin embargo, no me importaba cómo me recibiera el año, no me importaba ser el único de mis amigos sin estrenar. Sentí que lo único que necesitaba en mi vida, era fe en Dios._Entrégate siempre a Dios con todo tu corazón, porque quien tiene fe recoge más de lo que pide.

Saber que Dios conocía mi corazón y mis necesidades fue la causa por lo que nunca perdí la esperanza de que pronto estaría mucho mejor. Un día, sin esperar nada y solo enfocándome en poder terminar lo que habíamos comenzado en casa, pasó algo que sé que fue obra de Dios:

Recibí una llamada que jamás esperé. Había sido seleccionado para empezar a trabajar, la semana siguiente, en uno de los hospitales más importantes de la región. Dios conocía mi corazón y mis necesidades, sabía que un empleo era lo que más estaba esperando para avanzar con los proyectos de mi vida.

Expresar lo que sentí después de terminar la llamada es algo imposible. Llevaba mucho tiempo esperando un empleo. Para mí, esto fue una señal. Dios me demostraba que estaba por el camino correcto.

El día siguiente viajé a la capital para hacer las gestiones pertinentes al trabajo. No podía esperar a iniciar esta labor. Fue maravilloso el ver cómo pasaba todo tan rápido. Antes que terminara ese año, ya estaba contratado en esa importante entidad.

Iniciar los días de trabajo generó grandes cambios en mi vida, ya que tenía que apartar los tiempos necesarios para alcanzar las metas exigidas en el trabajo, pero, también, mantener el rendimiento que llevaba en la universidad.

La jornada que tenía que vivir en aquella época era un poco ardua. Después de trabajar todo el día (con poco tiempo de almuerzo, ya que de esa forma lograba salir algo más temprano), a las cuatro de la tarde abordaba los buses que me debían llevar antes de las seis, hora en que iniciaban mis clases.

Cuando terminaba las clases, debía esperar un bus que nos traía al municipio, llegando a las diez de la noche, aproximadamente. Debía aprovechar el tiempo que me quedaba antes de dormir para realizar los trabajos de la universidad y dedicar tiempo a mis temas personales. Con esto aprendí a ser disciplinado y aprovechar todo el tiempo posible.

Por ser tan rigurosos los tiempos que debía cumplir, y para desempeñar todas las actividades que surgían en el día a día, me vi obligado a cambiar el método de transporte, y, con esto, mejorar un poco mi calidad de vida.

Como los ingresos que tenía en aquel momento solo me servían para pagar la universidad, transportarme y colaborar en mi casa con los gastos, demoraría demasiado tiempo reunir el dinero para comprar una motocicleta. Así, la movilidad sería mucho más cómoda y económica.

Al pasar los días, y deseando constantemente poder comprarla, logré hablar con el hermano de un amigo, que en ese momento trabajaba vendiendo y comprando motos y carros. Le comentaba cuánto me ayudaría contar con una moto, ya que haría más cómodos y económicos los viajes que diariamente tenía que hacer.

Como sabía que el hermano de mi amigo hacía eso como su principal actividad económica, no le comentaba con el ánimo de hacer negocio con él, ya que no tenía cómo hacerle alguna oferta. Solo quería hablar con alguien sobre ese tema y buscar soluciones.

Pero algo que me sorprendió ese día fue cuando mi amigo, después de escucharme, me dijo: «Yo sé quién es usted, una buena persona. Algo en el fondo me dice que no me quedará mal. Si usted quiere, le vendo una de mis motos y me la va pagando mes a mes, como le sea posible. Confío en usted».

Después de escuchar eso, no sabía qué responderle. En realidad, necesitaba y quería tener una moto, pero no estaba preparado para una propuesta como esa. Sabía que ese era un regalo que me mandaba Dios, y no podía desperdiciarlo.

Era consciente de que él era un negociante, que le gustaba mucho el dinero, que podía cambiar de opinión en cualquier momento o que alguien podía llegar y hacerle otra propuesta con esa moto. Por ese motivo, en esa misma noche me llevé la moto a mi casa, sin pensarlo dos veces. Sabía que contar con esa moto era fundamental para mejorar mi estilo de vida. Esa oportunidad no la iba a perder.

Al día siguiente me coloqué la tarea de adecuar la moto para poder desplazarme con ella hasta la ciudad. No podía esperar a utilizarla.

La mañana siguiente desperté en el horario que cotidianamente hacía, me alisté con una gran sonrisa en mi rostro y con el deseo de enfrentarme a esa carretera que jamás había recorrido en moto. Como nunca había tenía una, solo había hecho recorridos cortos en mi municipio, cuando algún amigo me prestaba una.

Como era principiante, quise ser lo más cuidadoso posible. Buscaba no cometer el más mínimo error para evitar caerme. Fue una gran sensación cuando salía de mi municipio y comenzaba a ver los diferentes lugares que había en el camino.

Algo que me enseñó mucho en la vida y que medité cuando estaba en ese primer viaje, fue ver unos trabajadores del campo que se dirigían a trabajar en sus bicicletas.

En ese momento recordé los días que, por circunstancias de la vida, fui a hacer esas mismas labores. Recordé lo fuerte que fue para mí vivir esa experiencia. Le daba gracias a Dios por permitirme conseguir un trabajo y mejor estilo de vida. Le expresé que no desaprovecharía nunca las oportunidades que me brindaba para progresar en la vida.

Lo que imaginaba que podría mejorar era poco. Ese día, como había madrugado con el horario que habitualmente tenía al viajar en bus, llegué antes de comenzar a trabajar. No podía creer que al viajar en moto podía disminuir tanto los horarios de viaje.

También, al viajar hacia la universidad, logré llegar más temprano, algo que no había hecho antes, ya que siempre llegaba cuando había iniciado clase.

Tener moto trajo tranquilidad a mi vida, y me daba la seguridad de que ya contaba con algo propio, algo que me traía mucha paz interior. Sabía que había sido una buena decisión.

En esos días, sentía que estaba pasando por la mejor época de mi vida. Había logrado mantenerme en la universidad, a pesar de algunas situaciones difíciles, y contaba con un trabajo que me permitía aprender mucho y proyectarme laboralmente. Me quería comer el mundo a pedazos.

ENSEÑANZA DE VIDA

En este capítulo de mi vida logré aprender sobre la importancia que tiene pensar en los demás cuando tomas tus decisiones. Cuando dejas tus necesidades a un lado y ves que puedes beneficiar a otras personas, Dios lo ve y te devuelve muchísimo más de lo que necesitas.

Después de vivir eso en mi vida, he aprendido algo que me gusta enseñar a quien considere que le pueda servir. Que lo hagan y comprueben si también se les cumple en sus vidas.

Sé que Dios me cumplió el sueño que tenía en ese momento, al ver que dejaba a un lado mis intereses y pensaba en el bienestar de mi madre. A partir de ese momento, cada año, seguí invirtiendo gran parte de mi tiempo y dinero en mejorar la casa de mi madre.

Como bendición, cada año que pasaba estaba mucho mejor y llegaban cosas buenas a mi vida. Unos lo pueden llamar ley de

Con el pasar de los años fueron mejorando las cosas. Sentía mucha confianza en mi trabajo, logrando ocupar diferentes cargos en la entidad, que me permitían aprender diferentes habilidades.

En la universidad lograba continuar con un buen rendimiento. A pesar de que en el trabajo había momentos de gran carga laboral, podía pasar todos los semestres sin perder ninguna materia, como también sobresalir en algunos campos y valorar mucho esta oportunidad tan enriquecedora.

Un día como cualquiera, después de llegar a la universidad y ver una materia que nos permitió salir un poco más temprano, me senté a tomarme un jugo en la cafetería de la universidad y a conversar con una amiga que estudiaba en otra carrera.

Luego de intercambiar algunas palabras con ella y reírnos de las historias que nos contábamos, vi algo, en uno de los pasillos de la universidad, que me dejó deslumbrado: la niña más hermosa que jamás había visto. Si es verdad que el amor a primera vista existe, creo que en ese momento lo viví.

Después de mirarla y sonreír por varios minutos, le conté a mi amiga lo que había sentido al ver a esa hermosa niña. Por cosas de la vida (o el destino), justamente esa niña estudiaba la misma carrera de mi amiga y se conocían muy bien.

Como tenía mucha confianza con esa amiga, le pedí que me la presentara. No podía perder la oportunidad de conocerla, y me propuse, desde ese momento, conquistarla. Nunca había sentido algo igual al ver una mujer.

Mi amiga no dudó en hacerlo, solo me recomendó esperar un momento indicado, ya que en ese instante sería muy apresurado de mi parte y ella lo podría tomar mal.

Después de salir ese día de la universidad, no pasaba nada más por mi cabeza que el poder conocer a esa hermosa niña. Contaba minuto a minuto el día en que hablaría con ella y la conocería mejor.

Fue tanto el deseo que tuve de conocerla que no dejé que pasara una semana, con lo que convencí a mi amiga para que me la presentara. Después de mucho insistir, logré que colocáramos una fecha para conocerla.

Antes de encontrármela, me propuse tener la calma suficiente para no demostrar (tanto) que me gustaba y ser lo más natural posible. De acuerdo con lo que mi amiga me había contado, ella era una niña reservada, y no era como muchas niñas de su edad. Sentí que en el primer encuentro podía ganar o perder, por lo que requeriría bastante de mí.

Fue así como llegó el momento de conocerla. Mi amiga y yo acordamos hacerlo pasar como una casualidad. Nos encontramos, y sentí que el estar a su lado era como estar soñando. Todo en ella me gustaba. Pero si algo me sorprendió, fue notar que hablar con ella era mejor que verla de lejos. Tenía una linda forma de ser. Su sencillez me cautivaba, no me había equivocado al querer ganarme un espacio en su vida.

Después de intercambiar algunas palabras, le pedí que me diera su número de teléfono y le pregunté si podía llamarla. Según su respuesta, pude llegar a creer que el gusto había sido mutuo. No sabía si había sido iluso o si en verdad había llegado a ser de su agrado. Lo que tenía claro era que conseguiría hacerla mi novia.

A partir de ese momento comencé a hablarle. Siempre le dejaba muy claro mi gusto y mis intenciones. Con su forma de ser, me sentía cada día más atraído hacia ella. La consideraba la mujer que quería en mi vida, ya que, al estar con ella, sentía cosas nuevas que me daba mucho gusto sentir.

Un día me animé a invitarla a salir, y, con una hermosa sonrisa, aceptó mi invitación. Sentía estar en un cuento de hadas al estar con ella, parecía tan frágil y con una personalidad tan definida a la vez que me es difícil describirla.

Era claro que no podía esperar más, y, en esa salida, me arriesgué a pedirle que me diera una oportunidad. Fui el hombre más feliz cuando me dijo que sí, que quería ser mi novia. En ese momento me sentía la persona más afortunada del mundo: tenía como novia a la niña más hermosa de la universidad y, con su forma de ser excepcional, la veía como una mujer perfecta. ¡No podía pedir nada más!

Después de esa noche, caminaba diferente, estaba más alegre en mi trabajo, rendía mucho más en la universidad, había cambiado mi vida. Sabía que estaban pasando cosas muy buenas, y el estar con ella era mi mayor motivación para seguir trabajando, en búsqueda de ofrecerle un futuro a mi lado.

En los tiempos que vinieron todo salía cada vez mejor en mi vida. En mi trabajo había una gran oportunidad de ascender, ya estaba terminando las materias de mi carrera para graduarme y, además, la relación en la que estaba me hacía sentir que había conseguido la persona correcta, con la que quería pasar el resto de mi vida.

Fui muy feliz durante ese tiempo. Sentía que nada me podía salir mal, que la vida me había premiado. Solo quería disfrutar mi vida de la mejor forma en aquellos momentos.

En mí día a día, buscaba la forma de sorprenderla con bonitos detalles. No puedo negar que también existieran momentos difíciles y que me dieran cierta inseguridad al pensar en perderla. Sé que no era el mejor hombre del mundo y tenía mil defectos, pero lo que siempre buscaba era la forma hacerla feliz.

Sin embargo, una mañana, al levantarme, me sentía diferente. Sabía que todo era normal y que mi relación con ella estaba pasando por un excelente momento, todo estaba bien, pero una voz me decía que algo andaba mal.

Como era normal, me dirigí hacia mi trabajo, y en el camino escuchaba música, como era usual. Solo que la música que escuchaba en ese momento parecía hacerme experimentar la despedida de un amor. No entendía el porqué de escucharla y por qué me sentía así. Creí que era debido a dormir agotado y no le presté atención.

Al ser ese día una fecha especial, quise tener un detalle con ella. Quería sorprenderla con algo que la hiciera muy feliz, pero no sabía qué darle.

Durante el día logré trabajar muy poco. Pensaba constantemente sobre lo que pesaba sobre mi mente en la mañana. Sentía, interiormente, que estaba lejos de ella, aunque sabía que en la actualidad estábamos muy bien. No entendía qué me estaba sucediendo.

También pensaba con qué podía sorprenderla, de qué manera demostrarle que era lo más importante para mí. No había otra prioridad, no tenían tanta importancia otras cosas en mi vida, y mi felicidad estaba completamente relacionada con ella.

Al terminar de trabajar, decidí comprar un ramo de flores. Me dirigí al sector donde vendían las flores más bonitas para buscar el mejor ramo. Después de mirar muchos ramos, el que había escogido sería complicado de llevar en moto, pero era el que me parecía era más bonito. Cuando me dieron a escoger la tarjeta que le pondría al ramo, por alguna razón que no me alcanzo a explicar, le coloqué una tarjeta de despedida, como si estuviera terminando la relación. Después de pasar por muchas adversidades durante mi viaje en moto, llevando ese ramo, logré cumplir con lo que quería, llevarle el ramo a su casa para sorprenderla.

Una vez dejé el ramo en su casa, me dirigí hacia la universidad para ver la clase que teníamos ese día. Sin embargo, durante la clase también pasaba algo raro en mí: sentía como si tuviera que alejarme de la universidad y de mis compañeros, sentía que no los volvería ver nunca más.

Cuando terminé mi clase, y caminando un poco desubicado por los pasillos de la universidad, me encontré con mi novia. Me hacía muy feliz verla, pero también sentí que algo pasaba en mí cuando estaba a su lado. Compartimos un rato. La veía igual de hermosa como todos los días, pero tenía la sensación de que algo llegaría a pasar y nos tendríamos que alejar. Fue confuso vivir esa situación, y me sentía incómodo de no poder contárselo a ella. Pensé que era una sensación boba de momento.

Como ya era muy tarde, fui a dejarla en su casa, ya que debía llegar temprano a la mía, para poder madrugar. Además, quería hablar con mi madre sobre lo que me estaba pasando.

Luego de dejarla en su casa y prepararme para salir de regreso a la mía, sentí un deseo muy fuerte de darle un beso y demostrarle lo que sentía por ella. Creo que fue muy poco lo que pude hacer al despedirme, pudo haber sido mejor el recuerdo que quería dejarle aquella noche.

Al dirigirme hacia mi casa, sentí un frío muy fuerte que pasaba por mi cuerpo, y lo peor era que no hacía frío. Sentía que alguien me estaba acompañando en la moto y sabía que estaba viajando solo. Alcancé a sentir un cuerpo que me abrazaba. Tuve miedo de seguir adelante, pero no me podía detener.

Fue en ese momento de mi vida que conocí una triste realidad. Es difícil estar preparado para un golpe inesperado. No importa qué tanto dinero tengamos o cuánta tranquilidad emocional, económica, social, física o mental podamos tener en la vida, ya que, en un instante, todo nos puede cambiar. Eso lo aprendí con una difícil enseñanza que me dio la vida.

ME ACCIDENTÉ

El 8 de marzo de 2012, siendo aproximadamente las 00:00 sufrí un fuerte accidente que me dejó al borde de la muerte

Como era normal en mi casa, mi madre nunca se podía quedar dormida hasta que yo llegara a casa y pidiera su bendición antes de dormir. Ese día no fue la excepción, mi madre me estaba esperando despierta para darme, como de costumbre, su bendición antes de acostarme.

Aquella noche, ella sentía mucha intranquilidad. No era normal que a esa hora no hubiera llegado, ya que en los días que yo me demoraba en llegar, siempre le informaba. Sentía en su corazón que algo malo había pasado.

Como tradición del lugar donde vivíamos, siempre sonaba una sirena que daba aviso a los bomberos cuando había sucedido un accidente, y esto, justamente, sucedió mientras mi madre tenía ese presentimiento, lo que la preocupó mucho más. Finalmente, cambió su ropa de dormir y salió a la puerta a esperar mi regreso.

Al pasar unos minutos, vio pasar un joven en una moto que se quedó mirándola fijamente a los ojos, lo que le causó curiosidad, por lo que le sostuvo la mirada.

Lo que mi madre jamás imaginó fue que aquel joven venía a preguntarle si era mi madre, a lo que ella le contestó:

—Sí, yo soy la mamá de él, ¿qué le pasó?

Él le respondió:

—Tranquila, señora, él está bien. Venga, yo la llevo al hospital.

Cuando se dirigían al hospital, mi madre le volvió a preguntar:

—Dígame, usted que lo vio, ¿mi hijo cómo está?

A lo que él le respondió:

—Esté calmada, que ya lo llevaron al hospital. Fue algo sin gravedad.

Sin embargo, sintió una señal desde su corazón. Sentía que yo necesitaba ayuda, que yo le decía a su oído:

—¡Madre, te necesito, no me dejes morir!

Al tener esa sensación y estar cerca del hospital, le pidió al joven que la llevara al lugar donde había sido mi accidente, que ella sabía que yo estaba allí.

El joven le volvió a indicar que la ambulancia ya había llegado a socorrerme y que yo estaba en el hospital, pero aceptó llevarla al lugar donde había tenido el accidente, para que no tuviera dudas.

Lo que fue sorpresa para el joven fue que al llegar al lugar yo siguiera tirado en el piso, gritando fuertemente:

—¡No me dejen morir! ¡No me dejen morir!

Al llegar al lugar de los hechos y al verme completamente bañado en sangre y con mi cara irreconocible, mi madre corrió adonde los funcionarios que estaban a cargo de la ambulancia, y que, hasta el momento, no me habían auxiliado para preguntarles el porqué de no haberme ayudado.

Uno de ellos le manifestó que estaban esperando a las autoridades de tránsito para autorizar el levantamiento, sin importar que mi vida estuviera en peligro.

Mi madre, al escuchar esto, se molestó demasiado, pues observaba cómo, al verme en el piso y gritando, nadie me auxiliaba, lo que le dio fuerzas para increpar a los policías y funcionarios presentes. Esto permitió que me brindaran la ayuda necesaria. En este momento comenzó un nuevo capítulo en mi vida.

CARRERA POR LA VIDA

La vida es muy corta, valorémosla en cada instante.
No sabemos en qué momento se nos va

Una vez me ingresaron a la ambulancia, fui remitido al hospital de mi municipio. El médico que estaba de turno consideró que las heridas que tenía y el gran golpe en mi cabeza comprometían gravemente mi vida, y el hospital en el que estaba era de baja complejidad.

Teniendo en cuenta que la gravedad de mi caso requería múltiples exigencias para mi traslado, era muy difícil lograr que una entidad me recibiera. Esa noche tuve una gran bendición. Había una clínica que contaba, en el momento, con todas las condiciones que se necesitaban para mi tratamiento, y aceptó que me trasladaran hacia allá. Sabía que Dios era fundamental para que esto pasara y había una pequeña posibilidad de seguir viviendo.

De esos momentos solo recuerdo unas palabras que se repetían en mi cabeza y no paraban:

«Lucha, no te rindas, lucha».

«Lucha, lucha, lucha».

«Te necesito aquí».

Escuchaba, a lo lejos, muchas voces, también gritos, y sentía mucho miedo. Lloraba, pero volvía a escuchar:

«Lucha, lucha».

«No tengas miedo, yo estoy aquí».

«Lucha, lucha».

Después de llegar a la clínica, inmediatamente me llevaron a cirugía. No se podía perder un solo segundo, porque estaba a punto de morir. Fue extraordinaria la rapidez con que me atendieron y cómo todo estaba dispuesto para recibirme. Eso le dio mucha tranquilidad a mi madre, y lo único que ella hacía era pedirle a Dios que me permitiera seguir viviendo, pues ella sabía que no era mi momento.

Al pasar las largas horas que duró mi cirugía, mi madre vio venir al cirujano que había entrado conmigo para atenderme, y traía una carpeta en sus manos. Debido a que había pasado toda la noche sin dormir, tomó fuerzas, se acercó para preguntarle cómo estaba yo, a lo que él le respondió: «Señora, el caso de su hijo fue muy difícil, tuvimos que hacerle una craneotomía y le debo hablar con la verdad. Según mi dictamen médico y el conocimiento de salud que tengo, lo más probable es que tenga un promedio de vida de cinco días. Lo único que lo puede salvar es un milagro. Pídale a Dios, que es quien tiene la última palabra».

Mi madre, con toda la fe puesta en Dios, y tomando mucha fuerza en su corazón, le respondió: «Muchas gracias, doctor, por sus palabras, pero yo sé que el saldrá vivo y caminado de este lugar».

En los días siguientes mi madre fue como una roca. Tomó todas las fuerzas posibles para no dejarme solo. No era fácil para ella y mis hermanos verme acostado en esa cama, completamente entubado y en estado de coma. Pero de algo estoy completamente seguro: la oración tiene poder.

LA ORACIÓN TIENE PODER

Y cualquier cosa que pidas en oración, la recibirás,
si tienes fe

Mateo 21:22

A medida que pasaban los días y se conocía lo que me había ocurrido, muchas personas de diferentes religiones, amigos y familiares se unieron en grupos de oración. Acompañaron a mi madre durante este camino, y constantemente le hacían llegar sus voces de aliento, demostrando que eran muchos los que pedían por mi vida, para tener una segunda oportunidad.

Estas oraciones fueron escuchadas. Ya habían pasado más de los cinco días que el medico había calculado que serían mi promedio de vida, y había logrado salir muy bien del estado de coma.

Muchos de los empleados de la clínica, que estaban al tanto de mi caso, no podían creer cómo estaba respondiendo mi estado de salud, ya que parecía algo imposible.

De esta experiencia de vida hay algo que muchos amigos y personas me han preguntado, pero que no sé cómo describir. ¿Qué se siente estar en coma? ¿Es verdad que vez una luz?

Después de vivir eso, solo sé que es imposible describir qué se siente el vivir en estado de coma. Es difícil explicar el sentimiento que tenía, de poder ver a mi madre, mi novia y familiares. Cómo día a día me acompañaban y yo no poder hacer nada.

Quería levantarme y besar a mi novia, darle un fuerte abrazo a mi madre y decirle que no se preocupara, que estaba bien.

Hubo momentos donde me sentí muy débil, y lloraba constantemente por no poder moverme, por no poder hablar. Pensé que no me volver a levantarme, que había llegado mi hora. Pero volvía a escuchar en mi cabeza la voz de alguien que desde lejos me decía:

—Lucha, lucha.

—No tengas miedo, hijo. Yo estoy aquí.

—No dejes de luchar.

Al despertar del coma, recuerdo que estaba muy desubicado en el tiempo y lugar, que quería ver a mi madre y que no alcanzaba a dimensionar lo que había vivido.

Estar acostado todo el día se me hacía muy difícil, al igual que no poder conciliar el sueño, además de algunas dificultades, como no poder cerrar un ojo y un ruido constante en uno de mis oídos. Solo le pedía a los médicos que me aplicaran sedantes constantemente, para mantenerme calmado y olvidar por lo que estaba pasando.

De esos días de hospitalización tengo en mi mente, especialmente, uno que fue muy duro para mí. Fue cuando logré escuchar cómo uno de los médicos le decía a mi madre y a mi novia que si yo sobrevivía al accidente, lo más posible es que quedara con daños mentales irreparables, que podría quedar loco.

Daba a entender que estaba condenado a una vida miserable. No tuvo tacto al hacer esas afirmaciones, ya que me afectaron mucho. Con esas palabras pudo haber preocupado demasiado a las personas que estaban a mi lado, ya que podían creer que así sería mi vida una vez saliera del hospital.

Al trascurrir algunos días al cuidado de los especialistas de la clínica, se consideró apropiado que fuese trasladado a casa, para continuar con la recuperación. Que sería lo mejor para mí, vivir la recuperación al estar tranquilo en mi hogar.

Pero al saber esto, produjo en mí lo contrario. Lo que recuerdo de regresar a mi casa, fue que llegué completamente débil y con grandes problemas de salud, lo que obligaba a mi madre y a mi familia a estar siempre pendiente de lo que hacía, siendo esto lo que no quería que pasara. Yo antes del accidente me consideraba un hombre fuerte, que siempre estaba haciendo algo diferente, que todos los días se ponía retos y que al que le encantaba la libertad. Era autónomo en todo.

Pero eso no podía ser así en ese momento, todo el día debía estar completamente monitoreado. Si me llegaba a dar alguna recaída o si me golpeaba la cabeza, tendría que ser remitido de inmediato a la clínica, porque mi estado de salud todavía era delicado.

Debía estar tomando calmantes constantemente para los fuertes dolores de cabeza que sufría, y no podía tener privacidad. Me sentía tan frágil que me daba pesar de mí mismo. Con situaciones como estas, comenzó a cambiar mi comportamiento, empecé a volverme temperamental.

Recordé que un día antes de mi accidente consideraba que estaba muy bien en todos los sentidos, pero poco a poco vi cómo todas estas cosas ya no estaban y muchas se estaban alejando.

Por haber estado en coma, le recomendaron a mi madre que me retirara de la universidad, porque existía la posibilidad que me demorara demasiado en despertar y esto podría perjudicar mis estudios, como también por la posibilidad de que, al despertar, no tuviera las capacidades para seguir con la carrera. Esto para mí fue muy difícil, yo quería seguir realizando mis estudios, no quería detenerlos, ya que sentía que con esto estaba atrasando mi proyecto de vida.

Otra de las tareas que cotidianamente realizaba en mi día a día era ir a trabajar, lo que me hacía sentir útil, pero esto también me tocó dejarlo a un lado, por la incapacidad y los fuertes dolores que sentía.

No trabajar también me causó mucho malestar emocional, ya que no me gustaba estar todos los días encerrado en mi casa. Sentía que era un estorbo para mi familia, y no me quería convertir en una carga para mi madre.

Pero una de las cosas que más dolor me causó fue ver mi cara desfigurada, con cicatrices en mi rostro que me hacían sentir desagradable, y, más aún, el haber quedado con la mitad de mi cara paralizada. Esto me acomplejaba mucho.

Al dejar de lado estas tareas y todo lo que hacía en mi día a día, sentí que mi vida daba un giro total, y dirigió todo mi mundo y esperanzas hacia mi novia. Quería estar siempre con ella, sentía que era lo único que me podía consolar en ese difícil momento.

Reconozco que yo era de temperamento fuerte antes del accidente y que, en ocasiones, habíamos discutido, pero después de ese accidente, todo en mi mundo cambió. No alcanzaba a asimilar que el único mundo que había cambiado era el mío, que el resto del mundo seguía su curso y el de ella no era la excepción.

En ese momento, todo comenzó a girar en torno a ella. Todo lo que pensaba, todo lo que soñaba era para ella. No sabía cómo hacerla feliz, y lo peor fue el sentirme inferior, lo que me indujo a no despegarme de ella, por miedo a perderla.

Sentía que, por mi apariencia física, por no tener dinero en ese momento y por haber parado mis estudios, ya no estaría a su nivel. Creo que fue tanto el querer estar su lado, que esto término alejándonos y haciendo que nuestra relación se terminara en esas circunstancias.

Después de salir de aquel percance, siempre me consideré el culpable, y era claro que ella, una joven tan hermosa y con un futuro tan bonito por delante, debía buscar su felicidad. No podía anclarse a una situación que yo era el único que debía resolver.

Pero al sentirme solo emocionalmente, un estorbo en la vida, sin la posibilidad de estudiar, sin la posibilidad de trabajar y sin la posibilidad de seguir siendo yo, todo en mi mundo cambió.

Sentía que el mundo había sido malo conmigo, sentía que Dios había sido injusto conmigo. Era un joven que no le había hecho mal a nadie y que solo quería luchar por sus sueños, hacer feliz a su familia y tener lo mejor para ofrecerle a la mujer con la quería pasar el resto de su vida, a la que había perdido por haber sufrido ese accidente. Consideraba que no merecía lo que me estaba pasando.

Al pasar los días, comencé a sentir que la carga emocional en mi vida era cada día era más pesada. Empezaron a pasar por mi cabeza muchos pensamientos negativos, le estaba perdiendo el valor a las cosas y el sentido la vida.

Como estaba en proceso de recuperación, ocupaba la mayor cantidad de mi tiempo en citas médicas con diferentes especialistas, que me estaban ayudando con las secuelas del accidente. Esto me deprimía demasiado, ya que sentía que sería un esclavo, desperdiciando mi vida de hospital en hospital, y no quería ser una carga para mi madre, que me acompañaba a todos lados.

Para buscar un poco de tranquilidad en mi vida, fui a mi universidad, con el deseo de poder terminar el semestre que estaba cursando y no tener que parar la carrera. Pero la respuesta que tuve fue que no podía continuar con el semestre que estaba en curso, ya que habían hecho, oficialmente, mi retiro de la universidad y debía esperar a que terminara el semestre para volver a hacer el registro, siendo este uno de los motivos que terminó por atormentar mis días.

En los temas del amor, los pensamientos que tenía hasta el momento de mi accidente habían cambiado totalmente. Ya no quería crear una familia. Pensaba que no era justo lo que había pasado con mi novia, ella me había dejado injustamente. Ella no entendía los cambios que había tenido durante ese periodo, debido al accidente, y que mis sentimientos hacia ella eran de amor, siendo ella mi centro de vida en aquel momento.

De esta forma, fueron transcurriendo mis días, semanas y meses. En el diario vivir, sentía que me estaba ganando la depresión y me daba miedo de hablar con alguien sobre lo que pasaba por mi cabeza. Creía que nadie iba a entender todo lo que estaba pasando, ni los cambios que había dado mi vida.

En este periodo, ya nada me importaba, la felicidad no hacía parte de mí. Comenzaron a rondar pensamientos que jamás habría creído tener. Ya no quería vivir esa vida que solo me traía dolores y que me había tratado tan injustamente. Pensaba que sería lo mejor para mi familia, ya no tendrían que preocuparse por mí.

Al pasar los días, este pensamiento fue tomando poder. Aunque trataba de estar bien ante las personas que estaban a mi lado, en lo más profundo de mí sentía que no quería seguir más con ese sufrimiento.

Pero fue justamente en ese tiempo de la vida, que un sueño lejano llegó a mi vida. Tuve la oportunidad de conocer a la mujer que desde niño me había gustado. Creo que fue un amor platónico, si se le pudiera llamar así, ya que lo que sentía cuando veía a esa mujer caminar, me hacía pensar «en algún momento de mi vida, esa mujer estará a mi lado».

Nunca había buscado llegar a ella, porque creía que no sería capaz de conquistarla. Pero guardaba la esperanza que en algún momento se daría la ocasión para conocerla.

Era una mujer hermosa, que me trasmitía seguridad. Era casi imposible que ella se fijara en mí, pero, por cosas del destino, Dios la puso en mi camino. Cuando la conocí, sentía que no era el momento para estar con ella. Consideraba que no tenía las condiciones necesarias para ofrecerle algo a una mujer como ella. Sabía que el momento que estaba pasando por mi vida era el peor y, en el fondo de mi alma, quería vivirlo solo.

Tampoco quería hacerle daño, pues no pasaba por mi cabeza tener una relación seria, debido al daño que me había causado la ruptura de la relación anterior, por lo que pensaba que, si tenía algo con una mujer, sería cuestión de momento. Esto me hacía dudar en si debía darme la oportunidad de conocer a esa grandiosa mujer.

Fueron muchas dudas las que tuve al conocerla y, después de un tiempo, comenzamos una relación. Me sentía inferior a ella, y tenía miedo de volver a enamorarme y sufrir al terminar la relación.

En ese momento de mi vida, sentía que vivía dos vidas paralelas. En momentos, cuando compartía con ella, me hacía sentir vivo, pero al darme cuenta de la caída que había tenido en mi vida y que en la actualidad no tenía nada para ofrecerle, sentía que no me podía enamorar, porque, en algún momento, cuando ella se diera cuenta de la condición que yo vivía, me dejaría, como había pasado en mi relación anterior.

Cuando pensaba en estas cosas, volvía a mi mente el deseo de no seguir viviendo y de considerar que era mejor no ilusionar a tan valiosa mujer, que merecía algo mejor para su vida. Sentía que no debía hacerle daño a nadie que estuviera a mi lado y que yo era el único que debía afrontar lo que había sucedido en mi vida.

Al tener ese cruce de sentimientos y pensamientos en mi cabeza, sentía que mi vida estaba derrotada y que lo había perdido todo, que lo mejor que podía hacer por mí y por mi familia era no seguir viviendo, como debía haber pasado en el accidente que tuve, siendo un error del destino que yo hubiera sobrevivido.

Con tanto dolor que había en mi vida, pensaba que eso sería lo mejor para la misma, y había una sensación, que no logro describir, que me impulsaba a hacerlo. Hoy podría creer que fue el diablo, o una presencia extraña, que me hacía sentir tranquilidad al pensar que, si acababa con mi vida, eso sería lo mejor.

Los psicólogos podrían llamar lo que vivía durante esa época como trastorno delirante o paranoia, siendo esto una patología grave, donde la característica principal es la presencia de ideas delirantes bien sistematizadas, sin alucinaciones prominentes ni alteraciones del lenguaje o el pensamiento, y que no conlleva deterioro de la personalidad.

Algunos estudios realizados sobre los trastornos psicóticos crónicos, como es el caso del trastorno delirante o paranoia, sugieren que el suicidio es una de las principales causas de muerte prematura en los pacientes que sufren de esta enfermedad.

En realidad, no puedo describir lo que vivía en ese momento, si tenía relación con una teoría religiosa o clínica. Pero sí puedo decir que el deseo de no querer seguir viviendo había llegado a mi vida, y me motivaba a hacerlo realidad, también para evitarles más contratiempos a mis seres queridos.

Fue entonces, cuando caminaba por una calle que sentí una voz en mi cabeza que me decía que había llegado el momento de hacerlo, y me animaba a tomar esa decisión, ya que mi vida no tenía sentido y no había razón para seguir viviendo.

Tras caminar sin rumbo y buscando un sentido para mi vida, algo muy raro pasó. Llegué a un parque en el que nunca había estado, comencé a ver niños que me miraban a los ojos y me sonreían. Me pareció normal las primeras veces, pero se comenzó a repetir y pensaba que ellos me querían hablar. Fue tanta la admiración que me produjo ver eso, que decidí detenerme en una de banca cercana y pedirle a Dios que me guiara sobre qué debía hacer.

Al pasar unos minutos, tuve la oportunidad de vivir una experiencia excepcional. De la nada, se me acercó un niño que aparentaba un poco más de cinco años, agarró mi mano y me dijo: «No estés triste. Papá dice que no nos podemos rendir, vas a estar bien».

Después me sonrió y corrió a darle la mano a una mujer que considero era su mamá. No sabía quiénes eran, pudo ser solo una bonita casualidad. Pero después de escuchar ese niño, cambiaron todos mis pensamientos, lo que me obligó a tomar una decisión.

¿ME RENDIRÉ?

Fue la pregunta que comenzó a correr por mi cabeza. ¿Será que el niño me estaba enviando alguna señal, una forma de advertencia, para salir de todo lo que me estaba pasando?

Todavía sentado en aquella banca, tenía claro que estaba pasando por un difícil momento, también el porqué de sentarme en ese lugar y qué pasaba por mi cabeza. Pero, como una bendición de Dios, ese niño y sus palabras me ayudaron a decidir que no me podía dejar vencer, que tenía que luchar por recuperar mi vida.

Pudo ser el ver en los ojos de esos niños tanta esperanza el que me sintiera tan identificado con el niño que me habló, o el siempre haber querido tener un hijo, uno de los motivos que me hicieron sentir que no podía dejarme vencer por las dificultades, que había mucho que tenía que hacer en este mundo. No me podía rendir.

Después de pensar muchas cosas, saber que estaba vivo por un milagro de Dios y que tenía que valorar esta segunda oportunidad, decidí levantarme con la mejor actitud, luchar por todas mis metas, buscando, también, conocer cuál era mi destino, por el cual tenía esta oportunidad de vivir. Yo tenía que encontrar mi propósito en la vida.

Ese día, al caminar a casa, comenzaron a llegar muchas ideas a mi cabeza. Comencé a proponerme los cambios que necesitaba mi vida. Quería terminar mi universidad, conseguir un gran trabajo, tener una familia y cumplir con uno de mis más grandes sueños: ser padre de un hijo con el que pudiera tener muchas aventuras.

De esta forma, hice todo lo necesario para comenzar de nuevo con mis estudios, aunque no fuese fácil. Al perder tanto tiempo, mis compañeros ya estaban en otros semestres y, para terminar rápido la carrera, debía tomar clase en cuatro ciudades diferentes. Pero esto no fue una barrera, tenía la esperanza de que lo lograría y no iba a parar.

Por el golpe tan fuerte que tuve en el accidente, tenía secuelas, como la parálisis en mi rostro, que, según una terapeuta y un cirujano que me trataban, podía ser permanente y ellos querían que pensara igual, para así renunciar a mi deseo de volver a sonreír y aceptar esta nueva condición.

Pero me propuse luchar para volver a sonreír y coloqué toda mi fe en Dios, y confié en una de las pasiones que tengo y de cuyos beneficios estaba al tanto. Siendo fundamental el amor que tengo por los caballos y el poder acercarme a ellos, comencé sesiones de equino terapia y, junto con mi fe en Dios, recuperé la movilidad de mi rostro y volví a sonreír. Esta etapa de mi vida también permitió tener un nuevo conocimiento, que impactaría completamente mi vida, para aprender a sanarme interiormente y no permitir rendirme por ningún dictamen médico.

Otra de las secuelas del accidente fue dejarme el rostro con grandes cicatrices, lo que me hacía también sentirme acomplejado. Pero logré, por medio de mi entidad de salud, una cirugía que me reconstruyó el área afectada y me daba ánimo de pensar que todas las cosas en la vida podían tener solución.

Estaba sintiendo que volvía, poco a poco, a ser quien era antes. Me daba mucha confianza el poder recuperarme física y moralmente del accidente. A pesar de que faltaban cosas por mejorar y que mi vida no estaba como quería que estuviera, el poner de mi parte era fundamental para lograr mi felicidad.

En el tema del amor, sentía que la relación estaba comenzando a tomar fuerza. Ella comprendía bien lo que estaba pasando por mi vida, y me apoyaba en todas las cosas. Esto me hacía sentir que mi vida estaba tomando un buen camino, y le daba muchas gracias a Dios por permitir que ella estuviera apoyándome.

Fue en ese momento en el que comencé a sentir un poco de calma. Sabía que faltaban todavía muchas cosas por mejorar, en las cuales estaba aplicando todos los principios y valores con los que me había formado durante toda mi vida, para no dejarme derrumbar ni rendirme.

Pero fue justamente durante ese momento, cuando sentía que me estaba levantando de ese momento tan difícil, que la vida tenía otra sorpresa para mí. Una noche cualquiera, después de pasar un año de mi accidente, al finalizar una clase que tenía que ver en la capital, donde debía dormir por lo tarde que terminaba la clase, un fuerte dolor en mi abdomen me levantó en horas de la madrugada. Era un dolor que jamás en mi vida había sufrido. Sentía como si una mano me apretara el estómago y me enterrara agujas. Como no podía aguantar el dolor y sabía que no era normal estar sintiendo eso tan fuerte en mi cuerpo, tuve que dirigirme hacia un hospital, donde me pudieran atender por urgencias.

Teniendo en cuenta de que estaba en la capital, no sabía qué entidad me podía atender prioritariamente a esa hora, por lo que resolví ir al hospital donde tenía amigos, para hablar con alguno de ellos y conseguir ser atendido lo más pronto posible.

Una vez llegué al hospital, las cosas no fueron como lo había imaginado. A pesar de que logré hablar con una persona conocida que estaba trabajando en ese horario, los médicos de turno no prestaron atención a mi estado de salud. Una de los médicos, sin ni siquiera hacerme un examen o algún diagnóstico, concluyó que era un dolor causado por la gastritis y solo me aplicó un calmante para que me pasara el dolor.

Por ser el calmante tan fuerte, logré conciliar el sueño en el hospital, pero, al despertarme, la molestia en mi cuerpo continuó, un poco más leve, con lo que pude llegar a mi municipio.

Asumiendo que las palabras del médico que me había atendido eran ciertas, trataba de aguantarme el dolor hasta llegar a casa. Consideraba que, con alguna bebida que usualmente nos hacia mi madre, podía curarme. No podía alterarme por algo tan sencillo, como lo describió el médico de ese hospital.

Tenía fe que era algo natural y que no debía preocuparme por eso. Pero, al pasar el día, mi estado de salud siguió decayendo. No podía comer, y si lograba comer algo, sentía un gran dolor en mi estómago. Sabía que no era normal, pero me mantenía creyendo en la palabra del médico que me había atendido la noche anterior, cuando me dijo: «Es un dolor normal, se siente casualmente en los pacientes que van a presentar problemas de gastritis».

Siguiendo con ese pensamiento y tomando algunas bebidas y medicamentos para el dolor, logré soportar lo que sentía durante todo el día. Pero, al llegar la noche, no pude soportarlo más. Comencé a sentir un escalofrío que recorría todo mi cuerpo, pedía a gritos a mi madre que por favor me regalara algo caliente para tomar. No podía aguantar el dolor. Sabía que mi cuerpo estaba indicándome que algo grave estaba pasando.

Al verme en esa condición, mi madre no pudo aguantar y decidió llevarme por urgencias al hospital de mi municipio. Ella sabía que muy pocas veces me quejaba por algún dolor, y, al verme así, consideró que podía pasar una tragedia si no me atendían a tiempo.

Pero, al llegar al hospital, volví a vivir una odisea. Los funcionarios que estaban de turno no prestaron atención a mi condición de salud. Fue así como me lo manifestó una de las enfermeras: «Según el triage, los síntomas que usted tiene no son una urgencia vital, debe esperar a que la doctora se desocupe y lo pueda atender».

No sabía qué estaba pasando, no sabía por qué no me hacían algún examen para descartar, me sentía muy mal, y para ellos no tenía importancia. La única forma que hizo que el médico llegara a revisarme fue escucharme gritar después de un fuerte dolor.

Recuerdo mucho que, al verla, sentía que había llegado la persona indicada para curar el fuerte dolor que tenía. Solo recuerdo que tomé su mano y con lágrimas en mis ojos le dije:

—Doctora, ayúdeme, que me voy a morir. Tengo un fuerte dolor en mi estómago desde el día de ayer. Ayúdeme, por favor.

Ella, sin ni siquiera mirar el dolor que tenía en mis ojos, me dijo:

—Tranquilo, usted no tiene nada. Lo que pasa es que lo están mimando mucho.

Y despúes le dijo a mi madre:

—Usted, señora, no me lo mime tanto, ya está muy grandecito.

Esas fueron sus únicas palabras, no me hizo nada más; solo me mandó a colocar más calmantes y me recomendó pedir cita con el médico general el lunes siguiente, siendo esto un viernes en la madrugada.

Al ser nuevamente inyectado con fuertes calmantes, logré conciliar el sueño, pero, según la doctora, tenía que esperar más de dos días para pedir una cita y poder conocer qué día me podía atender y, así, darme un diagnóstico certero.

El día siguiente continuó peor. Mi estado de salud empeoraba, ya tenía diarrea, vómitos constantes, fiebre alta y dolor en mi vientre. Fue justamente ese ese momento que Dios volvió a mandar un ángel para que me ayudara.

Para mi novia no era normal lo que me estaba pasando. Los síntomas que tenía generaban una alerta de urgencias, pero yo no quería volver a ese hospital, ya que, para la médica, yo era un mimado y me estaba haciendo el enfermo.

Ella se puso al frente de mi estado de salud y me hizo atender en una entidad de salud donde ella trabajaba. El médico que me atendió consideró que era prioritario hacerme unos exámenes para descartar una enfermedad severa. Sin embargo, en ese momento no tenía los recursos suficientes para poder pagarlos de forma particular, siendo ella quien me ayudara a costearlos y hacerlos al instante.

Una vez hechos los exámenes en una entidad de salud privada, me salió un resultado que no parecía normal, lo que hizo que ella me ayudara a tomarlos en otra entidad para descartar alguna falla en la máquina que me lo había tomado. Lo que más nos preocupó fue volver a ver el mismo resultado.

Cuando el médico de la entidad donde trabajaba mi novia me volvió a atender y revisó los resultados, me recomendó que viajara lo más pronto posible a un hospital de mayor complejidad, porque mi vida estaba en riesgo. Al escuchar las palabras del doctor, no podía entender por qué estaba viviendo eso. No era posible que mi vida estuviera en riesgo, si acababa de pasar una nefasta experiencia. ¿Sería todo un sueño?

Como mi madre estaba a mi lado, escuchando lo que el médico me dijo, no dudó ni un minuto en ayudarme a levantar y salir conmigo hacia el hospital que era considerado el mejor de la región. Debido al fuerte dolor que llevaba y al tener a la mano los exámenes que me habían tomado con anterioridad, no dudaron en atenderme. No podía parar de gritar, solo le pedía al médico que estaba de turno que me aplicara un sedante. No podía más con ese dolor.

Pero no era posible lo que yo pedía. Más bien, el médico me pidió que me calmara un poco y me explicó la razón: «No puedo colocarte un calmante, porque escondería el dolor y sería difícil para el cirujano que te viene a ver dar su diagnóstico médico».

Los minutos que tuve que esperar la llegada del especialista fueron eternos para mí. Sentía como si una fuerte llama estuviera quemando mi estómago, y cada minuto que pasaba se hacía más y más doloroso.

Una vez que llegó el médico especialista, tomó los exámenes, revisó la historia clínica que traía del otro hospital y tocó algunas partes de mi vientre, no dudó en decir:

—Alístenlo, lo tenemos que operar.

Nunca pensé escuchar eso. En mi mente, creía que me tendrían que canalizar y colocarme grandes cantidades de algún antibiótico, pero jamás pensé que debía ser operado. Por lo que no dudé en decirle al cirujano:

—¡No, doctor! ¡No me opere, por favor!

Pero el cirujano tenía claro qué tenía que hacer, era una emergencia y no dudó en decirme:

—Si no lo opero lo más pronto posible, usted se va a morir.

Al escuchar esto, quedé trastornado, no logré decir nada más. Creo que entré en trance, no podía creer cómo era posible que nuevamente mi vida estuviera al borde de la muerte.

Los minutos siguientes, después de escuchar las palabras del cirujano, fueron dedicados solamente a un dialogo con Dios. En mi vida no pasaba nada más, solo sabía que me estaban colocando una vestimenta especial para la cirugía y que me trasportaban en una camilla. Pero lo que más me importaba era hablar con Dios, que me escuchara, ya que no sabía si esos eran mis últimos minutos de vida.

Recuerdo que le decía que por favor no me llevara todavía, que tenía muchas cosas que hacer en la vida. Que no comprendía el por qué me estaban pasando todas esas cosas, que me diera las fuerzas suficientes para afrontarlo, que él conocía mi corazón y que no quería irme sin primero hacer muchas cosas en mi vida. También le decía que confiaba en su voluntad, que, si consideraba que era mi hora, por favor cuidara mucho a mi madre. Era el tesoro más grande que había tenido en la vida y uno de los motivos para despertarme y luchar todos los días.

Esos minutos los dediqué a él, para pedirle perdón por las cosas malas que en algún momento había podido hacer. Solo quería hablarle. Fueron muchas las cosas que tuve la oportunidad de expresarle.

Fue un momento de paz, no tenía miedo, no tenía dolor, sentí mucha tranquilidad, hasta llegar al momento en el cual me colocaron una máscara en la cara y me pedían contar hasta diez. Logré entender que la voluntad de Dios es perfecta. Después de cada prueba, te espera siempre una bendición. Ten fe.

Una vez conté hasta diez, no volví a escuchar nada, no volví a pensar en nada. Recuerdo que todo estaba oscuro, creí sentir que podía abrir mis ojos, pero solo veía oscuridad y silencio.

Comencé a sentir que caminaba hacia una luz muy lejana, con pies muy pesados al caminar. Mi corazón se comenzó a agitar, como si estuviera corriendo una carrera. A media que caminaba, sentía que hacerlo me era más y más difícil, parecía como si mi corazón se quisiera reventar, pero no podía parar. Ya estaba cerca. Fue justamente cuando volví a escuchar aquella voz, que antes había escuchado:

—No te rindas, hijo, tu felicidad está cerca.

Lo que recuerdo, después de eso, fue que inmediatamente logré abrir mis ojos y, a pesar de tener mi vientre completamente abierto por la gravedad de la infección, me sentí el hombre más feliz del mundo. Podía ver que mi madre y mi novia me estaban esperando a las afueras de donde me hicieron la cirugía. Las veía tan hermosas… No podía expresar la inmensa alegría que corría por mi cuerpo. Estaba vivo, Dios me había dado otra oportunidad de vivir.

Fue a partir de ese momento que aprendí a ver la vida con los ojos del alma. Aprecié con todo mi corazón el ver a mi novia, a mi lado. En esa difícil situación, nunca me abandonó. Le daba muchas gracias a Dios por la madre que me había regalado, que nunca me había dejado solo, por más difícil que fuera la prueba. Sabía que era un hombre muy afortunado.

Después de vivir eso, mi vida dio un cambio definitivo. A partir de ese momento no puedo dejar de agradecerle a Dios todos los días por tener un día más de vida. Por tener las capacidades de afrontar, día a día, las pruebas que puedan salir, y sentir que seré capaz de lograr lo que me proponga.

De todo lo vivido, he aprendido a considerar que no fueron desgracias lo que tuve que vivir, sino, más bien, una serie de enseñanzas que me han hecho cada vez más fuerte y que me han preparado para tener la fuerza de enfrentarme a grandes batallas, con la ayuda de Dios.

También aprendí a valorar las cosas más mínimas que nos da la vida. Es importante reconocer que nosotros somos los únicos que debemos luchar para conseguir la felicidad, y que dependerá de las decisiones que tomemos en el trascurso de nuestra vida.

Es muy complejo poder describir qué se siente levantarse todos los días y saber que la vida ha estado muy cerca de irse en varios momentos. El saber que cada nuevo día en el que logro levantarme es un precioso regalo que se me ha dado me anima a cuidarlo como mi más grande tesoro.

Nunca sabré cuándo será el día en que Dios decida llamarme, el día de que mi espacio en esta tierra termine. Pero desde que viví esas experiencias, he buscado con cada acción que hago en la vida poder agradarle a Dios. El poder hacer algo por mi familia, por un amigo, por una persona, un animal, por un árbol o cualquier otra creación, me permite pagar un poco del gran regalo que se me ha dado al permitirme seguir estando aquí.

A propósito de lo que me dijo aquella voz (no sé si fue mi subconsciente, Dios, el universo o algo que no puedo definir), me permitió, a partir de ese momento, buscar lo que considero mi felicidad, a pesar de haber experimentado muchas dificultades, con experiencias buenas y malas.

Conseguí, sin importar los muchos problemas que tuve durante el camino, terminar mis estudios universitarios y ser orgullosamente un profesional, con una especialización y diferentes estudios que me han permitido serle útil al mundo.

Logré salir de todos mis problemas de salud. No puedo negar que sigo teniendo dolencias, gripas y malestares, como todos los seres humanos, pero, gracias a Dios, tengo un excelente estado de salud, sin ningún tipo de perjuicio que sea una secuela de lo vivido.

En el campo laboral, he tenido la oportunidad de ocupar importantes cargos e iniciar proyectos empresariales, donde he logrado dar un aporte a la sociedad, siendo el trabajar por la comunidad mi principal meta. De esta forma, siento que le agradezco a Dios y al mundo el poder seguir viviendo.

En lo que tiene relación con mi aspecto físico y cualquier señal que me haya quedado de lo vivido, solo puedo darle gracias a Dios por permitirme tener movilidad en mis manos, mis pies y todo mi cuerpo, por tener todas las capacidades cerebrales y no tener ningún tipo de dificultad física o mental. He aprendido que hay cosas que son solo vanidad y que el poder estar bien en todos los sentidos me hace muy feliz.

En el aspecto económico, considero que soy completamente afortunado. Tengo, por la bendición de Dios, una carrera y unos estudios que me han permitido abrir grandes caminos en la vida. Con la proyección laboral obtenida hasta el momento, sé que podré estar donde me lo proponga en la vida.

Y, por último, pero lo más importante para mí, Dios me ha bendecido con una hermosa familia. Una excelente mujer que ha estado a mi lado en los momentos buenos y malos, siendo mi más importante apoyo, demostrándome que sí se puede soñar con el amor. Que no importa lo difícil que pueda ser una situación, si en un hogar hay amor, familia y Dios, se puede afrontar todo, sin importar lo difícil que parezca.

Dios también me dio el sueño que tanto le pedía, la bendición de ser padre y tener un hijo, que es hoy mi mayor fortuna. Por él, todos los días me levanto para luchar. Me da las fuerzas para nunca declinar ante una adversidad. El ver a mi hijo día a día es una de las grandes causas de que mi alma esté llena de felicidad.

Así, entonces, no tengo las palabras para expresar el poder ver el mundo desde mi testimonio de vida. Quisiera lograr transmitir el valor que puedo ver en cada momento. Sentir que en dos ocasiones he estado tan cerca de irme me permite valorar lo que mañana no podemos comprar cuando faltemos o nos falte un ser querido.

Solo sé que la vida me podrá traer caídas, como nunca faltarán en el trasegar de un ser humano. Pero lo más importante es que he luchado con todas mis fuerzas por ser feliz, aprendiendo a levantarme ante cualquier dificultad, valorando cada pequeño momento que me ha regalado la vida.

Rendirme no fue mi decisión, por lo que hoy puedo decir, con mucho orgullo y compartiendo cada valioso minuto de mi vida con mi familia, desde una hermosa casita blanca rodeada de pinos, donde mi madre puede ver crecer a los hijos de sus hijos.

—¡He encontrado mi felicidad!

Esta es mi historia, mi querido amigo y tú, ¿consideras que la vida te ha golpeado?, ¿que nada te ha salido bien?, ¿que la vida es muy injusta contigo? ¿O es el tiempo indicado para comenzar la búsqueda de tu felicidad?

Tú lo decides. ¡Es tu decisión!

ENSEÑANZA DE VIDA

Durante estos difíciles momentos de mi vida, logré adquirir grandes enseñanzas, que han logrado cambiar la visión que tenía del mundo, y me han colocado a prueba para tomar decisiones importantes.

Una enseñanza de la vida, y lo que me brindó mucha fuerza para no dejarme vencer, fue saber que contaba con el amor de muchas personas, quienes me acompañaron en este difícil camino. Sabía que era solo mi responsabilidad el enfrentarme a las batallas que se me presentaran. Fue fundamental contar con una mujer que me amara y me apoyara, también con mi familia, mi madre, mis hermanos, amigos y personas que deseaban verme salir muy bien de estas dificultades.

Aprendí que en la vida llegan momentos donde nos acostumbramos a vivir en zonas de confort, y nunca estamos preparados para los incidentes que podamos tener. Tuve la necesidad de aprender que debía ser resiliente para lograr adaptarme positivamente a las situaciones adversas, que se me habían presentado de forma inesperada, y que no podía aplazar. Debía darle la cara a los problemas que se me habían presentado.

Una de las experiencias más difíciles que jamás había vivido fue sentir que mi vida estaba muy cerca de terminarse, lo que generó innumerables cambios emocionales y me enseñó a valorar cada pequeño detalle que en momentos anteriores no tenían importancia.

No puedo negar que al vivir esto sentí dolor, miedo y muchos malos pensamientos. No estaba preparado para afrontar situaciones como estas, el no querer seguir viviendo fue una realidad que tuve que afrontar, en la que debí traer a mi mente mis creencias, emociones, valores y muchas otras cosas positivas, para no dejarme vencer por mis malos pensamientos.

Para afrontar esta difícil decisión, y todo lo que implicaba el levantarme de esas caídas, no podía darme por vencido. No podía dejarme rendir, por difícil que fuese lo que pasara. Recurrir a todos los valores y principios que había aprendido en la vida fue esencial para no dejarme vencer por las circunstancias, pero siempre de la mano de Dios.

Fue, justamente, el vivir eso lo que me llevó a recordar lo difícil que había sido mi trasegar en la vida, donde había tenido que recorrer un camino con grandes sacrificios, que me habían formado como un joven fuerte, con valores y capaz de luchar contra cualquier adversidad.

Los seres humanos no alcanzamos a percibir la fuerza de voluntad tan grande que podemos tener, aunada a grandes capacidades; solo se pueden llegar a conocer en momentos de situaciones difíciles, que nos demuestran que somos tan poderosos que podemos vencer cualquier prueba.

En algunos momentos, el hecho de combatir mis temores y enfrentarme a la realidad fue lo que me motivó a no dejarme vencer. Rendirme, o salir de esas situaciones que habían llegado inesperadamente, era solo mi decisión.

Pasar por momentos difíciles me enseño que no puedo aferrar mi vida o mis decisiones a una persona en especial, que debo valorar a los que están a mi lado en los momentos difíciles. También, que debo respetar la decisión de los demás y dejar ir a quienes no quieran estar conmigo. La vida es de momentos y, en ocasiones, decir adiós nos puede dar tranquilidad.

En el caminar de mi vida siempre tuve fe, y consideré que existe un ser supremo que nos protege y escucha nuestras peticiones. Después de que mi vida afrontara esos difíciles momentos, donde no había esperanzas y solo un milagro lo podía lograr, aprendí que la oración y el pedir con fe sí tiene poder.

He aprendido que creer nos ayuda a ver lo que no se percibe a simple vista. Sentir que siempre puede haber otra opción nos da las fuerzas suficientes para afrontar las dificultades, lo que nos impulsa a levantarnos las veces que sean necesarias. La fe no solo es una virtud, junto con la esperanza y la caridad, sino que nos motiva a continuar día a día por el camino que hemos decidido tomar, con el deseo de esperar lo mejor de este camino.

En la actualidad, considero que he logrado hacerme cada día más fuerte, que tomé el valor necesario para no rendirme, que luché y lo hice con todas mis fuerzas por cambiar todas esas cosas que me pasaban. Pero también sé que si hoy tengo la capacidad de contar lo vivido, es porque la voluntad de Dios me lo ha permitido. Permitió que las manos de los médicos sanaran todo lo que sufría en ese momento, y me dio las capacidades para no rendirme.

Fue el saber esto y el valorar con todo mi corazón las oportunidades que me dio Dios lo que enseñó la lección más importante de mi vida.

¿DEBO BUSCAR SANARME INTERNAMENTE PARA SANAR MI CUERPO Y MI VIDA?

Camino de sanación

Fue así como sentí que debía estar agradecido y buscar un camino de sanación. No solo física y mental, sino la que creo que es el más importante de todas: la sanación interna.

Al tener tantas dudas, un cruce de sentimientos que me quería llevar a tomar malas decisiones, logré aprender algo que cambio mi vida y que fue fundamental en mi recuperación.

Todo inició al asistir a una cita con un médico que trataba la evolución de mi cara. Como sentía tanta vergüenza por no poder mover una parte de mi rostro, le pedí que, por favor, me ayudara a volver a recuperar la movilidad. Pero él, de forma fría y sin pensar si me afectaría emocionalmente, me respondió:

—Usted no volverá a mover su rostro, dé gracias por estar vivo.

Fue justamente en ese momento, y después de salir del impacto emocional al escuchar esas palabras, que decidí demostrarme a mí mismo que lo que decía ese médico no era verdad, yo volvería a sonreír.

Con esto aprendí a vivir mi vida con una visión que me permitiera sanarme interiormente, pero que esta sanación no solo implicara mi estado de salud, sino también el manejo de mis emociones y la forma en la debía llevar mi vida.

Después de leer e investigar mucho sobre los diferentes métodos que me ayudarían a afrontar lo que me estaba pasando, y también para conseguir cambios positivos en mi vida, identifiqué un camino al que jamás había recurrido.

Por ello, conocí que para conseguir sanar en mi interior tenía que cumplir con una serie de pasos, siendo el primero poder **perdonar.** Para comenzar a sentirnos bien, es preciso liberarnos de las cargas que puedan estar haciendo daño a nuestras vidas. Si no hacemos esto, mantendremos nuestros pensamientos en el pasado, en los errores y cuestionamientos, tales como ¿qué hice mal? ¿Qué hubiera pasado si no hubiera tomado ese camino? ¿Por qué a mí?

Al recordar siempre lo pasado, traemos a nuestro presente la molestia que sentimos, las malas emociones y el mal recuerdo, poniendo nuestro cuerpo en situación de alerta.

Cuando me perdono o perdono a una persona, situación o vivencia, puedo olvidar plenamente, ya que lo que no perdonamos nos trae culpas, y las culpas que vivimos nos piden castigo. Así, nuestra vida se convertirá en un ramillete de culpas y, con esto, buscaremos castigarnos de mil maneras, siendo nuestra salud la principal afectada.

Cada sentimiento de culpa, cada pensamiento negativo o mal recuerdo, se verá reflejado en lo que hoy, comúnmente, llamamos estrés. Yo decidí perdonarme y perdonar todo lo que me generaba un peso de culpa.

El siguiente paso para sanarnos interiormente es que debemos **creer que se puede lograr**. Nos podremos sanar. Nuestro cuerpo es fantástico y está equipado con grandes elementos de auto reparación innatos, que trabajan bajo la influencia de los pensamientos, sentimientos y creencias que se producen en nuestras mentes.

Así, entonces, puse todos mis pensamientos, sentimientos y acciones en función de curar mi parálisis facial. Me ayudé mucho con el montar a caballo, porque mi cabeza imaginaba que, de esta forma, podría curar mi movilidad. Comencé a pensar que estaba sonriendo, y le mandaba mensajes constates desde mi cerebro a mi cuerpo, donde le decía: «ya estoy sonriendo. Mi ojo se puede cerrar. Mi rostro está muy bien».

Lo grandioso de aplicar este método, de poder articular mi cuerpo, mi cerebro, mis sentimientos y mis acciones, fue que era tan bueno que en poco tiempo mi rostro comenzó a tener grandes mejorías. De esta forma, cada día me encontraba mejor, ya podía comenzar a cerrar mi ojo derecho y sentía que podía intentar sonreír.

Mi cuerpo estaba recibiendo muy bien el cambio que estaba dando mi vida. Esto me daba más ánimo para seguir orientando mi camino en esta nueva experiencia.

Cuando sentimos un padecimiento en nuestro cuerpo, esto tiene una relación directa con la manera en que percibimos el mundo en la actualidad, siendo fundamental conocer cómo afrontamos nuestra realidad, cómo decidimos vivir los momentos difíciles que tengamos.

Al conocer esto, inicié con el siguiente paso, **cambiar la percepción que tengo de mi vida**. Asimilando de forma clara en qué realidad estaba, e identificando las circunstancias externas e internas que creaban en mí dolor o satisfacción, conocí que cada uno de nosotros es quien decide en qué poner su atención y qué tiene más importancia en cada momento.

Aquello que consideramos de mayor valor se convertirá en el centro de nuestra vida. Pero ¿qué tendrá mayor valor para nosotros en un momento difícil? ¿Cómo siento que me trata el mundo? ¿Qué va a decidir la percepción que hoy tenemos del mundo?

Es vital que tengamos mucho cuidado con lo que sentimos, ya que nuestras emociones podrían convertir una misma realidad en agradable o desagradable, buena o mala. Es tu decisión.

Aprendiendo esto, experimenté que si podemos reinventar nuestras emociones, así mismo, estas podrán influir en cómo percibimos nuestra realidad. Entonces, es primordial encontrar la causa del sentimiento o de la sensación en el instante que adquiramos emociones que perturben nuestra realidad, dejando en el pasado lo que nada tenga que ver con la realidad actual, evitando, con esto, que afecte lo que de verdad debe preocuparnos actualmente.

Como me di cuenta de que muchas cosas del pasado me hacían daño, decidí, a medida que tenía la capacidad, cerrar ciclos en mi vida. No podía hacer nada para devolver el tiempo y cambiar el accidente o la cirugía que tenía en mi vientre, no podía obligar a nadie a estar a mi lado, no podía cambiar lo que ya había vivido. Esto me ayudó a sanar, no solo la carga de emociones reprimidas, sino también el gran beneficio que sentí en mi salud y mi comportamiento.

Después de sentir que aplicaba correctamente este paso en mi vida, consideré que era el tiempo perfecto para seguir en la búsqueda de mi sanación interior.

El paso siguiente fue **conocer el poder que tiene la palabra en nuestra vida y nuestra salud.** Es importante, primero que todo, saber que el lenguaje canaliza la energía, como una manifestación final de nuestros pensamientos, emociones y sentimientos.

También debemos tener claro que, si todos lográramos reflexionar sobre la energía que liberamos en cada palabra, donde no solo afectamos positiva o negativamente a quien se la dirigimos, sino que también a nosotros mismos y al mundo que nos rodea; entonces empezaríamos a cuidar más lo que decimos.

Era importante conocer el gran poder que tenía la palabra sobre mi vida y saber que, al utilizar mal mis palabras, podría afectar lo que estuviera pensando realizar. De nada me serviría tener pensamientos, sentimientos y emociones positivas, si mi forma de hablar estaría demostrando lo contrario.

Por lo que aprendí que debo elegir muy bien las palabras que beneficien mi cuerpo y mente, que es importante expresarnos con amor, humanidad y entrega, sin tener que alarmarnos tanto por los términos que usemos. Es fundamental saber expresar los sentimientos buenos o malos que, sin duda, afectarán nuestra relación cuerpo y mente.

Vivir este paso fue muy gratificante para mí. Quería cuidar bien mis palabras, conocía que mi estilo de hablar habitualmente no me ayudaba, por lo que resolví conseguir una manera de expresarme de forma diferente, que permitiera un cambio verdadero a mi vida y ayudara a mi estado de salud.

Una vez, realicé una investigación que me permitiría contar con mecanismos de programación para mi mente, con los que podría conversar de forma positiva y que impactaría en mi vida, siendo que los siguientes me ayudaron mucho:

- Para hablar, debo estar siempre positivo, alejado de mensajes que puedan expresar furia o rencor a quien me está escuchando.
- No ser perjudicial cuando deba comunicarme con otra persona, asumiendo que, al ser negativo, no me permitirá ver un escenario que realmente es positivo, sino que, al contrario, convertirá todo en negativo o irremediable.
- El respeto es básico cuando deseamos entablar una plática. Conociendo esto, en todo instante necesito respetar a

todo aquel que se quiera dirigir hacia mí, para que la conversación que se entable cree un buen resultado.

🎗 Nuestras conversaciones siempre deben buscar ser dirigidas a la búsqueda de soluciones y, de esta forma, ser alineadas a no tener, necesariamente, un culpable, porque se podría desperdiciar el tiempo sin encontrar una respuesta.

🎗 El guardar silencio siempre tendrá su momento indicado, porque, si no existe nada positivo para dialogar, es mejor quedarnos callados.

🎗 De esta forma, asumamos muy bien qué nos decimos a nosotros mismos, porque los mensajes que enviemos a nuestro cerebro podrían afectarnos o beneficiarnos. Nuestro cuerpo no tiene sentido del humor, por lo que debes cuidar muy bien la más mínima palabra. Si piensas que estás enfermo y manifiestas que estas enfermo, lo más seguro es que tu cuerpo acepte la orden. ¡Es tu decisión!

Después de dedicar gran parte del tiempo en aprender las diferentes formas de entrenar mi cerebro para hablar correctamente, sentí que podía enviar mensajes a mi vida y mensajes a mi cuerpo. Esto me ayudó a sentir que estaba sanando interiormente.

Fue en ese momento de mi vida que logré varias cosas importantes, sentir que había aprendido a perdonar, creer que podría lograr lo que me propusiera, cambiar la percepción que tenía de la vida y aprender el poder que tiene la palabra. Fue entonces cuando consideré que merecía pasar al siguiente paso, para **cambiar y agradecer por mi vida**. No podía esperar que la vida siguiera pasando, tenío que disfrutarla al máximo, yo merecía ser feliz.

Todo está bien, el tiempo de Dios es perfecto. Tenía que estar tranquilo y disfrutar, ya que para mi realidad todo estaba solucionado. No había nada de qué preocuparme, tenía que darme la oportunidad de disfrutar las etapas del viaje que Dios me había permitido vivir, de forma tranquila, comprendiendo que los desafíos que trae cada nuevo día siempre tendrán una solución.

¡Y es por esto que soy feliz!

Soy feliz porque conocí que no debo culparme más, no debo culparme por lo que los demás hagan, no debo culparme más por lo que haya hecho yo, no debo culparme más por no ser como los demás esperan, no debo culparme más porque los demás no sean como yo espero, no debo culparme más por no gustarle a alguien, no debo culparme más por no saber hacer algo bien, no debo culparme más por tomar las decisiones que a otros no les gusten y tampoco culpo a los demás porque no compartan las decisiones que yo tome. Anteriormente, solía culparme por todo, dejando que mi felicidad dependiera de factores externos. Hoy tengo claro que mi felicidad depende única y exclusivamente de mí.

Soy feliz porque, en la actualidad, mi felicidad no depende de la aceptación de los demás, y tampoco necesito que todo me salga bien en temas materiales, que antes reemplazaban la tranquilidad que no hallaba en mí.

Soy feliz porque sé que no me dejaré derrumbar ante ninguna circunstancia. Pase lo que pase en mi vida, tengo claro que existe la seguridad en mi interior de que todo está y estará bien.

Soy feliz porque creo en Dios y su bondad. Tengo fe, siendo este un gran motivo, que me da el motor para levantarme cada día, sin darle importancia a que mi vida sea imperfecta. La agradezco tal cual es.

Soy feliz porque puedo recorrer el camino de mi vida sin sentirme inferior a nada ni a nadie. Anteriormente, vivía mi vida sintiendo angustias y temores por querer encajar en la sociedad. Hoy, en cambio, puedo caminar mirando al frente, observado a las personas a los ojos, demostrando que soy un guerrero de la vida.

Soy feliz porque no compito con nadie. Mi felicidad es completamente mi responsabilidad, no busco tener más que otra persona, no busco sobresalir más que otra persona, no quiero medir mi progreso en comparación con otras personas. Lo que siempre quiero es que esa competencia diaria sea conmigo mismo, que cada día que pasa logre aprender algo que desconocía, que cada día que pasa logre vencer una debilidad; que cada día que pasa logre ser mejor en lo que me proponga. En esa lucha constante siempre buscaré lo mejor de mí.

Soy feliz porque aprendí a disfrutar el presente y a no tener miedo a lo que pueda llegar. Nadie puede predecir su futuro o conocer en qué instante llegarán momentos buenos o momentos malos. Aprendí a disfrutar todo aquello que me da la vida, pero siempre teniendo en cuenta que si hoy no valoro cada instante y no lo disfruto, mañana me podría arrepentir.

Por lo anterior y por un sinnúmero de motivos más, me dispuse a darle un sentido a mi vida, aprendiendo que la felicidad no solo es el llegar a la meta, sino aprender a disfrutar del camino.

Hoy, después de tantas caídas y dificultades, después de sentir en muchas ocasiones que lo había perdido todo, puedo decir con gran orgullo que «¡elegí ser feliz!»

MENSAJE DE VIDA

Este libro narra un poco mi historia de vida, deseando describir cómo es el diario vivir de muchas personas que nacemos y crecemos en familias de escasos recursos, donde nos vemos inmersos en miles de dificultades que nos llevan a tomar decisiones de vida.

Ilustro cómo tuve la oportunidad de tomar decisiones que a muchos jóvenes se les presentan en el diario vivir, que el saber tomar una decisión nos puede ayudar a alcanzar logros y mejorar nuestro estilo de vida, pero, también, que tomar una mala decisión nos puede conducir a un mundo de infelicidades.

En este libro deseo llevar un mensaje a los jóvenes y familias que están en situaciones de necesidad y sienten que no hay oportunidades para salir adelante. Les quiero expresar que el mundo es el resultado de las decisiones que nosotros tomemos. Que, a pesar de las dificultades, siempre llegarán a nuestras vidas oportunidades que no podemos desaprovechar.

También deseo llevar un mensaje a las familias que crecen en condiciones de abundancia, en donde muchos de sus miembros no alcanzan a conocer la necesidad de algo, por ello, no valoran muchas cosas que nos ofrece la vida. Sin embargo, en cualquier momento, debido a una mala decisión, esa situación puede cambiar, lo que exigiría tener las condiciones necesarias para afrontar esas dificultades y no dejarse derrumbar por ellas, lo que los podría llevar a tomar una mala decisión.

Lo que más me motivó a escribir este libro fue sentirme agradecido con Dios por las oportunidades de vida que me ha dado. Busqué muchos pensadores, creyentes y personas que me ayudaran a interpretar por qué seguía viviendo, el motivo por el que Dios quiso que estuviera en este mundo. Todos llegaban a la misma conclusión: «Dios te tiene destinado para algo en el mundo».

Pero es muy difícil para mí poder conocer cuál es el destino que tiene Dios para mí, y cuál es mi labor en esta tierra.

Desde que comprendí el valioso regalo y compromiso que Dios me había entregado, he deseado que todo lo que haga sea de agrado para él y que cumpla un poco de lo que la espera de mí.

Es por ello que deseo que en este libro haya un mensaje para todas las personas que estén pasando, hayan pasado o puedan pasar por una dificultad en la vida. Quiero decirles que a pesar lo difícil que sea la prueba, siempre podremos sacar las fuerzas para superarlas.

Nunca dejen que los malos pensamientos ganen la batalla y los obliguen a tomar una mala decisión. Todos fuimos hechos con las capacidades para afrontar cualquier dificultad. En nuestras manos está decidir el camino que deseamos tomar.

Las palabras escritas en este libro son en memoria de un gran amigo, a quien prometí contar toda mi historia, cuando un día, entre risas, como era su forma de ser, me decía que su vida no tenía sentido; y que hoy dejó solos a dos hermosos ángeles, ya que tomó la triste decisión de acabar con su vida. Por él (y por todas las personas que están pasando por un difícil momento, que podría llevarlos a tomar una mala decisión), lo escribo.

Pasar por un momento difícil nos hace pensar que es difícil afrontarlo. Sentir que todo está perdido y que no hay motivos para vivir es algo que nos puede pasar a todos en cualquier momento de la vida. Pero es en estos momentos donde más tenemos que sacar las fuerzas necesarias para no dejarnos vencer por los malos pensamientos.

Recuerda, siempre, que tienes miles de motivos para seguir luchando. Dios te ha dado la oportunidad de vivir **y** a pesar de las adversidades que la vida te traiga. Tú puedes ser feliz.

¡Es tu decisión!

ÚLTIMOS TÍTULOS PUBLICADOS:

Las ruinas del fuego (Pedro Valbuena)

Higthon (E. Moncluth y F. Villaro)

Cuando tus ojos no ven (Leonardo Vidal)

Luz en la oscuridad (Virginia Mancebo)

Oscura vida de Gatribell (Katherine Barra)

El forzado inicio de la era digital (Carlos Cáceres)

Gritos en el silencio de la esposa de un pastor (Olinka Córdoba)

Pisando serpientes (Ricardo Celis)

El lado oscuro de la sombra y otros ladridos (José Baroja)

La tierra que la vio nacer (Jacqueline Hernández Medina)

Dios, la esencia y la verdad (Liz Huerta)

Seúl: Diario de un amor (Melina Fuenmayor Gotera)

Alas en el corazón (Cristian Moreno)

Un desvío desde la soberbia (Héctor H. Carbajal)

Antes de morir (Laura R. Bruzzese)

Todo va a estar bien (Jean Samira)

La maternidad en tiempos de coronavirus (Raquel Caspi)